よくわかる 建築構造力学 II

土方 勝一郎
隈澤 文俊
椛山 健二
岸田 慎司
小澤 雄樹
［著］

森北出版株式会社

はじめに

　本書は，大学生・高専生などの初学者を対象とした建築構造力学の教本です．

　本書は 2 分冊構成となっており，I 巻では「静定構造」を，II 巻では「不静定構造」を主に扱います．本書の II 巻は，いわば "基礎編" である I 巻に続く "応用編" です．I 巻に示した構造力学の基礎的なレベルの知識や技術を習得した方を対象に，ワンランク上の知識を身につけることを目標としています．不静定構造（静定構造と不静定構造の違いがわからなければ I 巻で復習してください）の応力や変形を把握することを主な目的に，「仮想仕事の原理」，「応力法」，「たわみ角法」，「固定法」，「マトリクス解析」，「圧縮部材および座屈」，「骨組の弾塑性性状」の各項目について，考え方や手法，特徴などをできるだけ具体的かつていねいに解説しています．また，十分な量の例題を設けて，理解が深まるように配慮しています．現実の建物は複雑な不静定構造であることが一般的ですので，本書により，不静定構造物に生じる応力や変形を正しく求め，安全性を確保するために必要な知識や手法を身につけてほしいと思います．

　建築構造分野の実務（構造デザインや構造設計など）において，今日では，構造計算の多くはコンピュータが処理しています．ただし，使われるソフトウェアは本書で説明する各種解析手法に基づいています．したがって，本書を学ぶことで構造計算に使われるソフトウェアの内容を理解することができるようになります．コンピュータには，自ら出した答えの妥当性を判断することはできません．その最終判断は人間の役割です．すなわち，建築構造の担当者には，コンピュータの出力が理にかなっているかどうかを吟味するスキルが求められます．建築構造の技術者を志すのであれば，本書で紹介する知識や手法を理解して，その前提や特性を把握しておくことが必要です．また，構造以外の分野を目指す場合でも，本書の内容を理解しておくことで，建物の安全性に関する見識を深めることができ，より能力の高い建築家や技術者となるために役立つでしょう．

2020 年 2 月

著者

目　次

●構造力学で使用する記号

ギリシャ文字一覧

小文字	大文字	ローマ綴り	日本での読み方	小文字	大文字	ローマ綴り	日本での読み方
α	A	alpha	アルファ	ν	N	nu	ニュー
β	B	beta	ベータ	ξ	Ξ	xi	クサイ（グザイ）
γ	Γ	gamma	ガンマ	o	O	omicron	オミクロン
δ	Δ	delta	デルタ	π	Π	pi	パイ
ε	E	epsilon	イプシロン	ρ	P	rho	ロー
ζ	Z	zeta	ゼータ	σ	Σ	sigma	シグマ
η	H	eta	イータ	τ	T	tau	タウ
θ	Θ	theta	シータ	υ	Y	ypsilon	ウプシロン
ι	I	iota	イオタ	ϕ	Φ	phi	ファイ
κ	K	kappa	カッパ	χ	X	chi	カイ
λ	Λ	lambda	ラムダ	ψ	Ψ	psi	プサイ
μ	M	mu	ミュー	ω	Ω	omega	オメガ

構造分野におけるギリシャ文字の使用例

文字	読み	意　味	単位
γ	ガンマ	せん断ひずみ度（せん断力によるせん断変形角）［shear strain］	rad
δ	デルタ	たわみ（応力による変形量）	mm
ε	イプシロン	ひずみ度（変形量を元の長さで除した値）［strain］	—
η	イータ	軸力比（軸方向の作用応力度を材料強度で除した値）	—
θ	シータ	たわみ角（変形角），節点回転角	rad
κ	カッパ	形状係数（断面に作用する最大せん断応力度を平均せん断応力度で除した値）	—
λ	ラムダ	細長比（座屈長さを断面二次半径で除した値）	—
μ	ミュー	塑性率（変形量を降伏変形量で除した値）［ductility factor］	—
ν	ニュー	ポアソン比［Poisson's ratio］	—
ρ	ロー	曲率半径（曲率の逆数）［radius of curvature］	mm
σ	シグマ	応力度（単位面積あたりの作用応力）［stress］	N/mm^2
τ	タウ	せん断応力度（単位面積あたりのせん断応力）［shear stress］	N/mm^2
ϕ	ファイ	曲率（曲率半径の逆数）［curvature］ たわみ角法における基本公式の項の一つ	1/mm kN·m
ψ	プサイ	たわみ角法における基本公式の項の一つ	kN·m

第1章 仮想仕事の原理

　建築の骨組に限らず，現実に存在するあらゆる物体は，力を受ければ必ず変形する．このとき，外部からの力は仕事をなし，その仕事量はひずみエネルギーの形で物体内部に蓄えられる．

　ここでは，仕事とエネルギーの原理に基づく仮想仕事の原理について説明する．この原理は，構造物の変形を求めるための方法として威力を発揮する．変形を求める方法としては，ほかにもⅠ巻で説明した「モールの定理」があるが，この方法は単純梁や片持ち梁以外の構造物には適用が難しく，荷重条件などにもかなりの制約がある（たとえば，等分布荷重などには適用が困難）．その点，本章で説明する仮想仕事の原理は，さまざまな構造物や荷重条件に幅広く適用可能である．

1.1 ▶ 仕事とエネルギー

　仮想仕事の原理を説明する前に，まず外力がなす仕事と構造物内部に蓄えられるエネルギーの関係について考えてみよう．

■1.1.1 仕事とは

　「仕事」という言葉は日常生活でもよく使われる一般的な用語であるが，力学的な**仕事**（work）は，「物体に静的な外力 P が作用し，その作用位置が外力の作用方向に δ だけ変位した場合，外力 P は仕事 W をしたという」のように定義される．また，そのときなされた仕事の量は，次式のように，外力の大きさと，外力作用方向の変位の大きさの積で表すことができる．

$$W = P \times \delta$$

（1）外力が一定の場合の仕事

　荷重 P が仕事 W をなすためには，物体の移動や変形など，具体的な変化がなければならず，それがない場合，たとえば力を加えたとしても物体にまったく変化がなかったとすれば，その力は仕事をしたとはいえないわけである（$W = 0$）．

　変形がまったく生じないきわめてかたい物体のことを**剛体** (rigid body) とよぶ．これは，仮想の概念で，完全な剛体は現実には存在しないが，ここでは物体の変形の影響を取り除くためにいったん剛体で考える．剛体に外力が作用する場合，剛体全体がある方向に移動または回転することで，作用点に変位が生じる．

　図 1.1 のように，床の上に置かれた剛体を 1 方向に押して δ だけ移動した場合を考える．剛体と床の間が滑らかでなく，そこに動摩擦力が発生している場合，これを動かし続けるために必要な外力 P の大きさはつねに一定である．その仕事は図 1.2 に示す外力 P と変位 δ の関係より，青色部分の面積（$P \times \delta$）で求められる．

$$W = P \times \delta \tag{1.1}$$

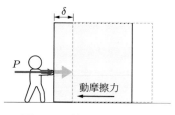

図 1.1　剛体における仕事

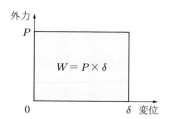

図 1.2　外力と変位の関係

　曲げモーメントが作用して剛体が回転している場合はどうだろう．モーメントは偶力 P（反対方向の一対の力）とその距離 l に分解して考えることができる（$M = Pl$）．図 1.3 より，ある部材が偶力 P を受けて，部材中央を回転中心として回転角 θ を生じているとする．この場合，仕事 W は，

$$W = \left(P \frac{l}{2} \theta \right) \times 2 = Pl\theta = M\theta \tag{1.2}$$

となり，モーメント M と回転中心における回転角 θ の積で，その仕事を求めることができる．

　図 1.4 のように，物体に外力が複数作用している場合，その物体がなされた仕事は，それぞれの外力がなした仕事の総和となり，次式で求められる．

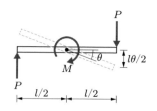

図 1.3　モーメントが作用する場合

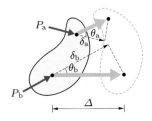

図 1.4 剛体に複数の外力が作用する場合

$$W = \sum P_i \delta_i \tag{1.3}$$

ここで，変位 δ_i はその大きさではなく，力の作用方向の成分であることに注意する．実際の変位の大きさを Δ，力の作用点が実際に変位した方向と力の作用方向のなす角度が θ であるとすると（図 1.4），力の作用方向の成分 δ は，次式で表される．

$$\delta = \Delta \cos\theta \tag{1.4}$$

(2) 外力が変化する場合の仕事

図 1.5 のように，弾性体（弾性変形を生じる物体のこと）に変形を生じさせる場合を考えよう．ここで，弾性とは力を加えると変形し，力を除くと元に戻る性質のことで，このような性質をもつ物体のことを弾性体という．ここでは，力と変形の関係が比例する線形弾性のみを考える．この構造物（弾性体）に大きさ P の外力が作用し，その作用位置に変形 δ が生じているとする．この場合の仕事もまた，先ほどと同じように $W = P\delta$ となりそうだが，そうではない．なぜなら，この構造物を変形させるのに必要な外力の大きさは，変形の大きさに比例して一定の割合で増加しているからである．

図 1.6 に示すように，外力 P と変位 δ の関係が線形（比例関係）かつ弾性（塑性化しておらず，外力を除けば元に戻る）であるとする．この場合の仕事を求めてみよう．

外力を 0 から P まで少しずつ（ΔP ずつ）増やしていったとしよう．弾性構造物で

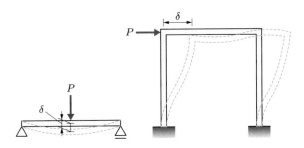

図 1.5 弾性体における変形

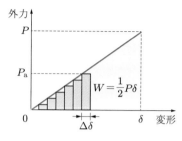

図 1.6　外力と変形の関係

あれば，外力 P と変形 δ の関係は図 1.6 のように比例し，外力を増やせば変形は斜線に沿って少しずつ増大する．外力がある段階 P_a に達した時点で，変形がわずかな量 $\Delta\delta$ だけ増えたとすると，外力 P_a がなした仕事は $P_\mathrm{a}\Delta\delta$，つまりは図 1.6 の短冊部分の面積で表すことができる．外力を 0 から P まで少しずつ増やした場合，その間に外力がなす仕事は短冊の総和，つまりは三角形の面積で表されることとなり，次式で表される．

$$W = \frac{1}{2}P\delta \tag{1.5}$$

■1.1.2　エネルギーとは

エネルギー（energy）とは，物体に対して仕事をするための，蓄えられた能力のことである．エネルギーは，熱，電気などさまざまな形で蓄積することができ，なおかつ別の形に姿を変えていくことができる．たとえば，乾電池に蓄えられていた電気エネルギーは，電球などの装置を介して光エネルギーに変換される．

　このエネルギーの大きさというのはどのように形を変えようが決して失われてなくなることはない．たとえば，光のエネルギーは最後は消えてなくなってしまったようにみえても，実は光が当たった物体の熱のエネルギーなどに変換されながら，系（関連する部分）全体で考えれば必ずどこかに保存されている．これを**エネルギー保存の法則**（low of the conservation of energy）とよぶ．

　さまざまなエネルギーの中で，構造力学に関係が深い運動エネルギー，位置エネルギー，ひずみエネルギーのことをまとめて**力学的エネルギー**（mechanical energy）とよぶ．本書で扱う静力学においては，一般的に運動エネルギーは無視できるので，結局ここで問題となるのは位置エネルギーとひずみエネルギーだけになる．なお，静力学とは静的な状態にある物体の力学のことであり，時間の概念がない．地震力など動的な作用に対する構造物の応答を把握するためには，時間の概念の導入が必要になり，こちらは「動力学」というが，本書では扱わない．

位置エネルギー（potential energy）とは，たとえば重力のようなある力が作用している空間（場）に対して，力の向きに逆らって仕事をした場合に物体に蓄えられるエネルギーのことである．ある質量 m をもった物体を重力 mg に逆らって上向きに h だけ持ち上げた場合，その物体には mgh の位置エネルギーが蓄えられたことになる．

ひずみエネルギー（strain energy）とは，弾性体が変形したときに，その内部の力（応力）が内部の変形（ひずみ）に対して仕事をすることで物体内部に蓄えられるエネルギーのことで，図 1.7 のような弾性ばねをイメージするとわかりやすい．ばねを指で押して潰せば，ばね内部にひずみが生じる．ばねを押す力を P，そのときのばねの変形を x とし，その関係をグラフで表すと図(b)となる．このとき，ばね定数 k は，グラフの傾き（勾配）を表す．ばねが健全で損傷していないかぎり，指を放せばばねは元に戻ろうとし，そのときに外部に対して仕事をする能力をもっている．つまり，ばねは外部からされた仕事 W により，その内部にひずみエネルギーを蓄えたこととなり，W は以下の式で表される．

$$P = kx \tag{1.6}$$

$$W = \frac{1}{2}Px = \frac{1}{2}kx^2 \tag{1.7}$$

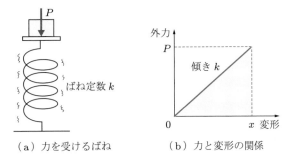

（a）力を受けるばね　　　　（b）力と変形の関係

図 1.7　ばねの仕事

図 1.8 のように，力を受けて変形している物体内部のある微小部分に着目すれば，微小部分はその周辺から力を受けていると同時に，反作用として周辺に力を与えている．

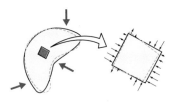

図 1.8　物体と微小部分の変形

微小部分が変形(ひずみ)を生じるということは,その周辺が微小部分から受ける力に逆らって仕事をしていることに等しい.「力に逆らって変形する」という意味で,ひずみエネルギーは内部的な位置エネルギーであるともいえ,このひずみエネルギーを含む位置エネルギーのことを,潜在的に仕事をなしうる能力という意味で,**ポテンシャルエネルギー**とよぶ.

■1.1.3 エネルギー保存の法則

弾性体である物体に外力を加えると,その物体が変形することで外力は仕事をなす.そして,物体内部には変形によりひずみエネルギーが蓄えられる.この場合,物体になされた仕事 W と,物体内部に蓄えられたひずみエネルギー U の間には,つぎの関係が成り立つ.

$$W = U \tag{1.8}$$

これが構造力学における**エネルギー保存の法則**である.

物体が弾性体かつ荷重が静的であれば,物体になされた仕事はすべて,ひずみエネルギーとして物体内部に蓄えられる.

具体的に,線材を対象に軸力・せん断力・曲げモーメントそれぞれの応力に関して,物体になされた仕事とそれにより物体内部に蓄えられたひずみエネルギーの関係をみてみよう.

(1) 軸力を受ける場合

ここではまず,軸力のみ作用している場合について考える.

図 1.9 のように,軸方向に荷重 P が作用する長さ l の構造物(弾性梁)がある.外力の作用により,この構造物には変形と応力が生じる.軸方向の変形(この場合,伸び)を δ,応力(この場合,軸力)を N とする.まず,外力が構造物に対してなした仕事 W を考えてみよう.

部材が線形弾性である場合,外力 P を 0 から順に大きくしていけば,変形 δ はそれ

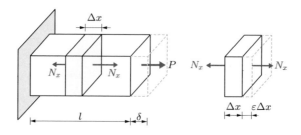

図 1.9 荷重が作用する構造物

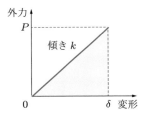

図 1.10 外力と変形の関係

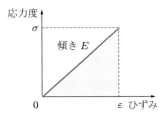

図 1.11 内力と微小長さ部分の伸びの関係

に比例して増大していく（図 1.10）．式 (1.7) と同じように，外力がなした仕事 W を求めれば，次式となる．

$$W = \frac{1}{2} P \delta \tag{1.9}$$

つぎに，構造物内部に蓄えられたエネルギーの総和（総ひずみエネルギーとよぶ）U を求めてみる．ひずみエネルギーとは，物体内部のある部分に着目した場合，そこに作用する応力度（力）が，そこに生じるひずみ（変形）に対してなす仕事に等しい．

構造物からある微小な長さ Δx 分を切り取って考えたとき，その両側の断面には断面力としての軸力 N_x が逆向きに作用し，釣り合っている．この微小長さ部分もまた，ある変形（伸び）を生じており，ひずみを ε とすれば伸びは $\varepsilon \Delta x$ で表せる．

先ほどの外力 P と変形 δ の関係と同様，この微小長さ部分の応力（軸力）N_x と伸び $\varepsilon \Delta x$ もまた比例関係にあり，微小部分のひずみエネルギーを $\mathrm{d}U_N$ とすれば，次式が得られる．

$$\mathrm{d}U_N = \frac{1}{2} N_x \varepsilon \Delta x \tag{1.10}$$

構造物全体に蓄えられるひずみエネルギーの総和，つまり総ひずみエネルギー U_N は，これを長さ全体にわたって積分することで，

$$U_N = \int_0^l \frac{1}{2} N_x \varepsilon \mathrm{d}x \tag{1.11}$$

で表される．また，Δx は $\mathrm{d}x$ と置き換えている．

ここで，垂直応力度 $\sigma_x = N_x / A$ より

$$\varepsilon = \frac{\sigma_x}{E} = \frac{N_x}{EA} \tag{1.12}$$

であるから，これを式 (1.11) に代入すると，部材全体の軸力によるひずみエネルギー U_N は次式となる．

$$U_N = \int_0^l \frac{N_x N_x}{2EA} \mathrm{d}x = \int_0^l \frac{N_x^2}{2EA} \mathrm{d}x \tag{1.13}$$

エネルギー保存則から，仕事 W はすべて構造物内部にひずみエネルギーとして蓄えられるので，

$$W = U_N \tag{1.14}$$

が成り立つ．式 (1.9) より $W = (1/2)P\delta$ であるから，つぎのようになる．

$$P\delta = \int_0^l \frac{N_x^2}{EA} \mathrm{d}x \tag{1.15}$$

(2)　せん断力が作用する場合

せん断力が作用する場合も基本的な考え方はこれまでと同様である．

図 1.12 のように，Q_x のせん断力分布が生じている長さ l の部材の水平位置 x における微小区間 Δx について考える．中立軸より高さ方向 y の位置にある微小部分の断面 $\mathrm{d}A$ には，Q_x の作用によりせん断応力度 τ_y が生じ，そのときの左右の高さ変化はせん断ひずみ γ_y を用いて $\gamma_y \Delta x$ である．微小部分のひずみエネルギー $\mathrm{d}U_Q'$ を，曲げの場合と同じように求めると，次式となる．

$$\mathrm{d}U_Q' = \frac{1}{2} \tau_y \mathrm{d}A \gamma_y \Delta x \tag{1.16}$$

ここで，せん断応力度 τ_y とせん断ひずみ γ_y は次式で表せる（I 巻第 9 章参照）．

$$\tau_y = \frac{Q_x S_y}{bI}, \qquad \gamma_y = \frac{\tau_y}{G} = \frac{Q_x S_y}{GbI} \tag{1.17}$$

S_y は中立軸から y 離れている位置より下の部分に関する断面一次モーメントである．これより，微小部分のひずみエネルギー $\mathrm{d}U_Q'$ は次式で表せる．

$$\mathrm{d}U_Q' = \frac{1}{2} \frac{Q_x S_y}{bI} \mathrm{d}A \frac{Q_x S_y}{GbI} \Delta x = \frac{1}{2} \frac{Q_x^2 S_y^2}{Gb^2 I^2} \mathrm{d}A \Delta x \tag{1.18}$$

断面 A 全体について積分して，微小区間全体のひずみエネルギー $\mathrm{d}U_Q$ を求めると，次式となる．

$$\mathrm{d}U_Q = \left(\int_A \frac{1}{2} \frac{Q_x^2 S_y^2}{Gb^2 I^2} \mathrm{d}A \right) \Delta x \tag{1.19}$$

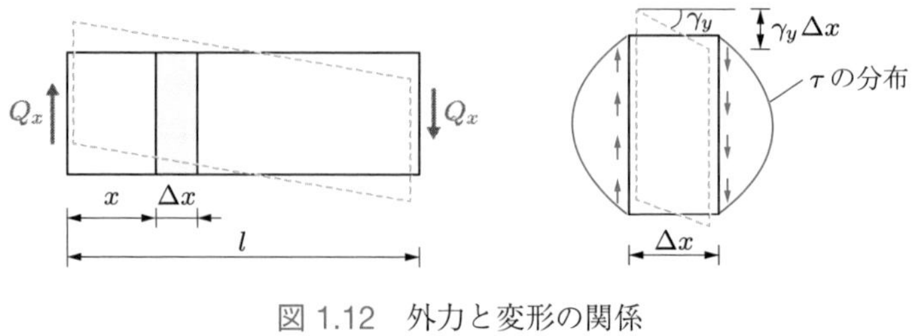

図 1.12　外力と変形の関係

ここで，係数 $\overset{\text{カッパ}}{\kappa}$ を以下のように定義する．

$$\kappa = A \int_A \frac{S_y^2}{b^2 I^2} \mathrm{d}A \tag{1.20}$$

κ は断面形状によって決まる係数であり，せん断補正係数とよぶ．

たとえば矩形断面（幅 $b \times$ 梁せい D）の場合，

$$A = bD$$

$$S_y = \frac{b}{2}\left\{\left(\frac{D}{2}\right)^2 - y^2\right\}$$

$$I = \frac{bD^3}{12}$$

$$\mathrm{d}A = b\,\mathrm{d}y$$

を式(1.20)に代入してつぎのようになる．

$$\kappa = bD \int_{-D/2}^{D/2} \left[\frac{b}{2}\left\{\left(\frac{D}{2}\right)^2 - y^2\right\}\right]^2 \bigg/ \left\{b^2\left(\frac{bD^3}{12}\right)^2\right\} b\,\mathrm{d}y$$

$$= \frac{6}{5}$$

係数 κ を用いると，式(1.19)は次式のように表せる．

$$\mathrm{d}U_Q = \kappa \frac{Q_x^2}{2GA} \Delta x \tag{1.21}$$

部材長さ l 全体にわたって積分して，部材全体のせん断力によるひずみエネルギー U_Q を求めると，次式となる．

$$U_Q = \int_0^l \kappa \frac{Q_x^2}{2GA} \mathrm{d}x \tag{1.22}$$

係数 κ が付くところが異なるが，本式は先に求めた U_N（式(1.13)）とよく似ていることがわかるだろう．

(3) 曲げを受ける場合

曲げを受ける部材について考える．せん断応力の影響は無視し，曲げ応力によるひずみエネルギーのみを考える．

図 1.13 のように，外力の作用により，曲げ変形を生じた梁があり，材軸方向に x 軸をとった場合に，x に応じて変化する M_x の曲げモーメント分布が生じている．その部材の水平位置 x の微小区間 Δx について考える．曲げを受ける部材では，その断面内において中立軸（応力度が 0 となる位置）を境として，三角形状の応力度分布が生

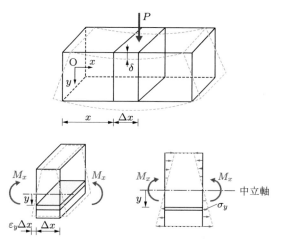

図 1.13 外力と変形の関係

じる．中立軸より高さ方向 y の位置にある微小部分（断面 dA）には，M_x の作用により垂直応力度 σ_y が生じ，断面 dA に生じる軸力 $n_x = \sigma_y \mathrm{d}A$，そこでの長さ変化量はひずみ ε_y を用いて $\varepsilon_y \Delta x$ である．微小部分のひずみエネルギー dU'_M を，軸力の場合と同じように求めると，

$$\mathrm{d}U'_M = \frac{1}{2} n_x \varepsilon_y \Delta x = \frac{1}{2} \sigma_y \mathrm{d}A \varepsilon_y \Delta x \tag{1.23}$$

となる．ここで，断面 2 次モーメントを I，ヤング係数を E とすれば，次式となる．

$$\sigma_y = \frac{M_x}{I} y, \qquad \varepsilon_y = \frac{\sigma_y}{E} = \frac{M_x}{EI} y \tag{1.24}$$

式(1.23)に σ_y，ε_y を代入すれば次式となる．

$$\mathrm{d}U'_M = \frac{1}{2} \frac{M_x}{I} y \mathrm{d}A \cdot \frac{M_x}{EI} y \Delta x = \frac{M_x^2}{2EI^2} y^2 \mathrm{d}A \Delta x \tag{1.25}$$

断面 A 全体について積分して，微小区間全体のひずみエネルギー dU_M を求めると，つぎのようになる．

$$\mathrm{d}U_M = \left\{ \int_A \left(\frac{M_x^2}{2EI^2} y^2 \right) \mathrm{d}A \right\} \Delta x = \left\{ \frac{M_x^2}{2EI^2} \left(\int_A y^2 \mathrm{d}A \right) \right\} \Delta x \tag{1.26}$$

ここで，断面 2 次モーメント $I = \int_A y^2 \mathrm{d}A$ であるので，これを使って整理すれば，次式となる．

$$\mathrm{d}U_M = \frac{M_x^2}{2EI} \Delta x \tag{1.27}$$

部材長さ l 全体にわたって積分して，部材全体の曲げによるひずみエネルギー U_M

を求めると，

$$U_M = \int_0^l \frac{M_x^2}{2EI}\mathrm{d}x \tag{1.28}$$

となる．これを式(1.13)の軸力によるひずみエネルギー U_N の式と比べれば，軸力 N_x が曲げモーメント M_x に，断面積 A が断面2次モーメント I に代わっているだけで同様の形式の式であることがわかる．

(4) ひずみエネルギーの総和

以上より，線材のひずみエネルギーの総和 U は，軸力，曲げ，せん断それぞれの応力に関するひずみエネルギー U_N，U_Q，U_M の和として次式で求めることができる．

$$U = U_N + U_Q + U_M \tag{1.29}$$

(5) エネルギー保存の関係式

以上で，各応力とひずみエネルギーの関係式は求められた．左辺を材軸と直交方向の力や曲げを含む無数の外力を受ける場合に拡張し，さらに右辺も軸力，せん断力，曲げモーメントを同時に受ける場合に広げると，以下のようなより一般的な表現が求められる．

$$\sum \left(\frac{1}{2}P_i\delta_i\right) = U_N + U_M + U_Q = \int \frac{N_x^2}{2EA}\mathrm{d}x + \int \kappa\frac{Q_x^2}{2GA}\mathrm{d}x + \int \frac{M_x^2}{2EI}\mathrm{d}x \tag{1.30}$$

なお，上式のように積分区間が示されない場合は，構造物全体について積分することを表す．

式(1.30)の両辺を2倍すれば，次式となる．

$$\sum P_i\delta_i = \int \frac{N_x^2}{EA}\mathrm{d}x + \int \kappa\frac{Q_x^2}{GA}\mathrm{d}x + \int \frac{M_x^2}{EI}\mathrm{d}x \tag{1.31}$$

ここで，左辺の荷重 P_i は，通常の集中荷重だけでなく，モーメント荷重も含んだ表現となっている．モーメント荷重の場合には，$P_i \to M_i$，$\delta_i \to \theta_i$ と読み替えることとする．ここで，θ_i はモーメント荷重の作用位置における回転角である．

式(1.31)より，トラス構造物の場合は曲げとせん断力が生じないため（$Q_x = 0$，$M_x = 0$），右辺第2項，第3項は0となり，軸力のみが発生することになる．また，各部材の N_x は長さ方向に変化しない（x の関数ではない）ので，下記のようなより簡潔な表現となる．

$$\sum P_i\delta_i = \int \frac{N_x^2}{EA}\mathrm{d}x = \sum_{i=1}^n \frac{N_i^2 L_i}{E_i A_i} \tag{1.32}$$

ここで，N_i，L_i，E_i，A_i はそれぞれ i 番目の部材の軸力，長さ，ヤング係数，断面積，n は全部材数である．

また，梁やラーメン構造などの曲げを受ける部材であれば，一般的に，

$$\int \frac{M_x^2}{EI}\mathrm{d}x \gg \int \frac{N_x^2}{EA}\mathrm{d}x, \quad \int \kappa \frac{Q_x^2}{GA}\mathrm{d}x$$

となり，曲げが支配的となる．このため，軸力およびせん断力の項は無視して，

$$\sum P_i \delta_i = \int \frac{M_x^2}{EI}\mathrm{d}x \tag{1.33}$$

とする場合が多い．

例題 1.1 図 1.14 に示す梁について，(1) 外力 P がなす仕事 W，(2) 物体内部に蓄えられるひずみエネルギー U を求めよ．

図 1.14

解答 (1) 軸力のみ発生し，その分布は図 1.15 に示すように $N_x = P$（一定）となる．

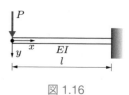

図 1.15 軸力図（N 図）

伸び変形の量 δ を求めると，次式となる．

$$\delta = \varepsilon l = \frac{\sigma}{E}l = \frac{Pl}{EA}$$

よって，仕事 W はつぎのように求められる．

$$W = \frac{1}{2}P\delta = \frac{P^2 l}{2EA}$$

(2) 式(1.13)より，つぎのように求められる．

$$U = \int_0^l \frac{N_x^2}{2EA}\mathrm{d}x = \int_0^l \frac{P^2}{EA}\mathrm{d}x = \frac{P^2 l}{2EA}$$

例題 1.2 図 1.16 に示す梁について，(1) 外力 P がなす仕事 W，(2) 物体内部に蓄えられるひずみエネルギー U を求めよ．なお，せん断力の影響は無視できるものとする．

図 1.16

解答 (1) せん断力を無視するので，曲げモーメントのみを考えればよい．その分布は図 1.17 のように $M_x = -Px$ となる．

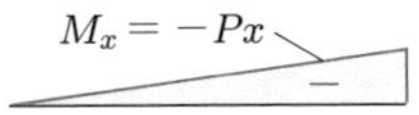

$$M_x = -Px$$

図 1.17 曲げモーメント図（M 図）

外力の作用点における鉛直変位 δ を求めると，

$$\delta = \frac{Pl^3}{3EI}$$

となる（I 巻第 10 章参照）．よって，仕事 W はつぎのように求められる．

$$W = \frac{1}{2}P\delta = \frac{P^2 l^3}{6EI}$$

(2) 式(1.33)より，外力の作用点から右向きに x 座標を設けると，つぎのように求められる．

$$U = \int_0^l \frac{M_x^2}{2EI}\mathrm{d}x = \int_0^l \frac{(-Px)^2}{EI}\mathrm{d}x = \frac{P^2 l^3}{6EI}$$

1.2 ▶ 仮想仕事の原理

本節では，**仮想仕事の原理**（principle of virtual work）を説明する．仮想仕事の原理には，実際の力が仮想の変位に対して成した仕事で考える**仮想変位の原理**（principle of virtual displacement）と，それとは逆に力を仮想してそれが実際の変位に対して仕事をすると考える**仮想力の原理**（principle of virtual force）の 2 種類がある．前者を単に「仮想仕事の原理」，後者を「補仮想仕事の原理」とよぶこともある．

■1.2.1 仮想変位の原理

仮想変位の原理は，「外力を受けて釣り合っている物体において，その状態から任意の微小な仮想変位 δ_j を与えたときに外力による仮想仕事 $\overline{W_j}$ と応力による仮想ひずみエネルギー $\overline{U_j}$（これを，内力がなす仮想仕事という）は等しい」と定義される．

以下，ある外力が作用することで変位と内力が生じ，釣り合い状態にある弾性の構造物を考える．このとき，外力がなす仮想仕事と，内力のなす仮想仕事を順番に考えてみよう．

(1) 外力による仮想仕事

図 1.18(a)のように，ある構造物に作用する力 P_a に対応して変位 δ_a が生じている．前節で説明したとおり，弾性梁において力 P_a のなした仕事は図(b)の O〜δ_a 部分の

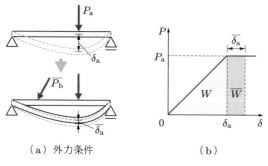

図 1.18　実際の仕事と仮想仕事

三角形の面積 W で求められる．

$$W = \frac{1}{2}P_a\delta_a \tag{1.34}$$

つぎに，P_a を一定に保ったまま，仮想の外力 $\overline{P_b}$ を任意の位置に作用させた場合を考える．この $\overline{P_b}$ により P_a 作用位置において，仮想の変位 $\overline{\delta_a}$ が生じる．このとき P_a が仮想変位 $\overline{\delta_a}$ に対してなした仮想外力仕事 $\overline{W}$ は，図中の青色の四角形の面積で表すことができる．

$$\overline{W} = P_a\overline{\delta_a} \tag{1.35}$$

(2) 内力による仮想仕事

つぎに内力による仮想仕事について考える．

さきほどと同様，外力 P_a の作用により軸力 N_x，せん断力 Q_x，曲げモーメント M_x が生じている（図 1.19(a) の薄い青色部分）構造物がある．軸力 N_x，曲げモーメント M_x に対しては垂直応力度 σ と垂直ひずみ ε，せん断力 Q_x に対してはせん断応力度 τ とせん断ひずみ γ が生じる．

1.1 節より，これにより発生する応力度 σ，τ は，それぞれ以下となる．

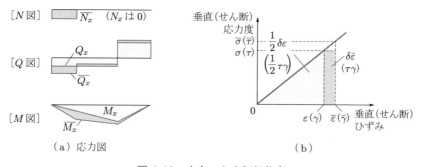

(a) 応力図　　　　　　　　　　(b)

図 1.19　内力のなす仮想仕事

$$\sigma = \frac{M_x}{I}y + \frac{N_x}{A}, \qquad \tau = \frac{Q_x S}{bI} \tag{1.36}$$

この構造物にさらに仮想外力 $\overline{P_b}$ が加わることで，内力が $\overline{N_x}$，$\overline{M_x}$，$\overline{Q_x}$ 分だけ増加した（図 1.19(a) の濃い青色部分）とする．これによって増加する増分ひずみ $\overline{\varepsilon}$，$\overline{\gamma}$ は以下で表される．

$$\overline{\varepsilon} = \frac{\overline{M_x}}{EI}y + \frac{\overline{N_x}}{EA}, \qquad \overline{\gamma} = \frac{\overline{\tau}}{G} = \frac{\overline{Q_x}S}{GbI} \tag{1.37}$$

構造物にもともとの外力 P_a が作用することで生じた応力度 (σ, τ) が，そこに追加された仮想外力 $\overline{P_b}$ によって生じた増分ひずみ $(\overline{\varepsilon}, \overline{\gamma})$ に対してする仕事を，内力による仮想仕事 $\overline{U}$ とよぶ（図 1.19(b) の濃い青色部分）．内力による仮想仕事は，次式のように，垂直応力度 σ が仮想垂直ひずみ $\overline{\varepsilon}$ に対してなす仕事と，せん断ひずみ τ が仮想せん断ひずみ $\overline{\gamma}$ に対してなした仕事の和で求めることができる．

$$\overline{U} = \int_V \sigma\overline{\varepsilon}\,\mathrm{d}V + \int_V \tau\overline{\gamma}\,\mathrm{d}V \tag{1.38}$$

上式に式(1.36)，(1.37)の二式を代入すれば次式となる．

$$\begin{aligned}
\overline{U} &= \iint_A \left(\frac{M_x}{I}y + \frac{N_x}{A}\right)\left(\frac{\overline{M_x}}{EI}y + \frac{\overline{N_x}}{EA}\right)\mathrm{d}A\mathrm{d}x + \iint_A \frac{Q_x S}{bI} \times \frac{\overline{Q_x}S}{GbI}\mathrm{d}A\mathrm{d}x \\
&= \int\left(\frac{M_x\overline{M_x}}{EI^2}\int_A y^2\mathrm{d}A + \frac{N_x\overline{M_x}}{EIA}\int_A y\mathrm{d}A + \frac{M_x\overline{N_x}}{EIA}\int_A y\mathrm{d}A + \frac{N_x\overline{N_x}}{EA^2}\int_A \mathrm{d}A \right. \\
&\quad \left. + \frac{Q_x\overline{Q_x}}{G}\int_A \frac{S^2}{b^2I^2}\mathrm{d}A\right)\mathrm{d}x
\end{aligned} \tag{1.39}$$

ここで，1.1 節より

$$\int_A y^2\mathrm{d}A = I, \quad \int_A y\mathrm{d}A = 0, \quad \int_A \mathrm{d}A = A, \quad A\int_A \frac{S^2}{b^2I^2}\mathrm{d}A = \kappa \tag{1.40}$$

であるので，つぎのようになる．

$$\overline{U} = \int \frac{N_x\overline{N_x}}{EA}\mathrm{d}x + \kappa\int \frac{Q_x\overline{Q_x}}{GA}\mathrm{d}x + \int \frac{M_x\overline{M_x}}{EI}\mathrm{d}x \tag{1.41}$$

(3) 仮想仕事の釣り合い式

仮想仕事に対しても，当然エネルギー保存則は成り立ち，$\overline{W} = \overline{U}$ である．式(1.35)と式(1.41)より，次式のように表せる．

$$\overline{W} = P_a\overline{\delta_a} = \int \frac{N_x\overline{N_x}}{EA}\mathrm{d}x + \kappa\int \frac{Q_x\overline{Q_x}}{GA}\mathrm{d}x + \int \frac{M_x\overline{M_x}}{EI}\mathrm{d}x \tag{1.42}$$

■1.2.2 仮想力の原理

仮想力の原理は,「外力を受けて釣り合っている物体において,その状態から任意の微小な仮想外力 $\delta \overline{P}$ を与えたときにそれがなす仮想仕事 $\overline{W}^*$ と仮想応力による仮想ひずみエネルギー $\overline{U}^*$ は等しい」と定義される.

1.2.1項の仮想変位の原理では,変位を仮想として,実際の外力 P_a と仮想の変位 $\overline{\delta_a}$ を考えている.反対に外力を仮想として,仮想の外力 $\overline{P_b}$ と実際の変位 δ_b を考えた場合もこの関係は成立する.この場合の仮想外力仕事 $\overline{W}^*$ は以下となる.

$$\overline{W}^* = \overline{P_b}\delta_b \tag{1.43}$$

この仮想外力 $\overline{P_b}$ によって生じる応力度($\overline{\sigma}$, $\overline{\tau}$)は以下となる.

$$\overline{\sigma} = \frac{\overline{M_x}}{I}y + \frac{\overline{N_x}}{A}, \qquad \overline{\tau} = \frac{\overline{Q_x}S}{bI} \tag{1.44}$$

一方,仮想外力 $\overline{P_b}$ によって生じた仮想の応力度($\overline{\sigma}$, $\overline{\tau}$)が,実際のひずみ(ε, γ)に対してなす仮想内力仕事 $\overline{U}^*$ は以下となる.

$$\overline{U}^* = \int_V \overline{\sigma}\varepsilon\mathrm{d}V + \int_V \overline{\tau}\gamma\mathrm{d}V \tag{1.45}$$

ここに,式(1.44)を代入すると,次式となる.

$$\overline{U}^* = \iint_A \left(\frac{\overline{M_x}}{I}y + \frac{\overline{N_x}}{A}\right)\left(\frac{M_x}{EI}y + \frac{N_x}{EA}\right)\mathrm{d}A\mathrm{d}x + \iint_A \frac{\overline{Q_x}S}{bI} \times \frac{Q_xS}{GbI}\mathrm{d}A\mathrm{d}x$$
$$= \int \frac{N_x\overline{N_x}}{EA}\mathrm{d}x + \kappa \int \frac{Q_x\overline{Q_x}}{GA}\mathrm{d}x + \int \frac{M_x\overline{M_x}}{EI}\mathrm{d}x \tag{1.46}$$

式(1.42),(1.46)から,$\overline{U}^* = \overline{U}$ である.

エネルギー保存則より,$\overline{W}^* = \overline{U}^*$ であるから,次式となる.

$$\overline{W}^* = \overline{P_b}\delta_b = \int \frac{N_x\overline{N_x}}{EA}\mathrm{d}x + \kappa \int \frac{Q_x\overline{Q_x}}{GA}\mathrm{d}x + \int \frac{M_x\overline{M_x}}{EI}\mathrm{d}x \tag{1.47}$$

これらの式において,左辺の外力および変位は,集中荷重とそれに対応する変位の積の表現であるが,これはモーメントと回転角の積に置き換えても成立する.

1.3 ▶ 仮想仕事の原理に基づく変形計算

ここでは,仮想仕事の原理に基づいて変形を求める手順について説明しよう.

前節で述べたように,仮想変位の原理と仮想力の原理は対をなし,両者を合わせて一般的に「仮想仕事の原理」とよぶ.このうち,仮想力の原理を利用することで,構造物の変位を容易に求めることができる.

■1.3.1 曲げを受ける構造物の変形計算

まずは曲げを受ける構造物である梁やラーメンなどの変形計算を考える．この場合，部材内には軸力，せん断力，曲げモーメントが同時に作用することになる．式(1.47)では一つの仮想力（$\overline{P_b}$）の場合を扱ったが，複数の仮想力とそれに対応する変位の組み合わせでもかまわない．その場合，式(1.47)の左辺は $\sum \overline{P_i}\delta_i$ となる．したがって，次式のようになる．

$$\sum \overline{P_i}\delta_i = \int \frac{N_x \overline{N_x}}{EA}\mathrm{d}x + \kappa \int \frac{Q_x \overline{Q_x}}{GA}\mathrm{d}x + \int \frac{M_x \overline{M_x}}{EI}\mathrm{d}x \qquad (1.48)$$

ここで，仮想の力は何でもよいわけだから，試しに仮想力はただ一つ $\overline{P_1}$ のみで，その大きさも 1 としてみる（これを単位仮想荷重とよぶ）．$\overline{P_1} = 1$ だから，上式は，

$$\delta_1 = \int \frac{N_x \overline{N_x}}{EA}\mathrm{d}x + \kappa \int \frac{Q_x \overline{Q_x}}{GA}\mathrm{d}x + \int \frac{M_x \overline{M_x}}{EI}\mathrm{d}x \qquad (1.49)$$

となる．δ_1 は，$\overline{P_1} = 1$ が作用している点における変位の荷重方向成分，$\overline{N_x}$, $\overline{Q_x}$, $\overline{M_x}$ は単位仮想荷重 $\overline{P_1} = 1$ によって生じる仮想の部材応力である．

式(1.49)を用いると，力を受けて変形している構造物の，求めたい点の変位を容易に求めることができる．使い方のポイントは，「変位を求めたい点の，求めたい方向に，大きさ 1 の単位仮想荷重を作用させる」ことである．ある点の回転角を求めたい場合は，その点に大きさ 1 のモーメント荷重を作用させればよい．

このように，単位仮想荷重を作用させて変位を求める方法である**単位仮想荷重法**は，モールの定理よりも汎用性がある（単純梁や片持梁以外の構造物でも容易に変位を求めることができ，さまざまな荷重条件で適用可能）ため，非常によく使われている．なお，梁の状態と作用する外力が**対称**（symmetry）である場合，曲げモーメント図や変形も対称となる．この性質を利用すれば，計算を簡略化できる．

例題 1.3 図1.20に示す構造物の点Cの鉛直変位 δ_B（下向きを正とする）を求めよ．なお，せん断力の影響は無視でき，曲げ変形のみを考慮するものとする．

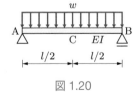

図 1.20

解答 M 図，$\overline{M}$ 図はそれぞれ図1.21のようになる．軸力は発生せず，せん断力の影響は無視できるので，式(1.49)より

$$\delta_1 = \int \frac{M_x \overline{M_x}}{EI}\mathrm{d}x$$

の関係を用いる．どちらのモーメント分布も，点Cを通る垂直面に対して対称なので，対称性を利用し，左半分（AC間）だけ求めてそれを2倍すれば容易に計算できる．

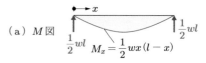

（a）M図

$$\delta_{\mathrm{C}} = \int \frac{M_x \overline{M_x}}{EI} \mathrm{d}x$$

$$= \int_0^{l/2} \frac{\left(\frac{1}{2}wx(l-x)\right)\left(\frac{1}{2}x\right)}{EI} \mathrm{d}x \times 2$$

$$= \frac{5wl^4}{384EI}$$

（b）$\overline{M}$図

図1.21　応力図

例題 1.4　図1.22に示す構造物の点Bの回転角θ_{B}（時計まわりを正とする）を求めよ．なお，せん断力の影響は無視でき，曲げ変形のみを考慮するものとする．

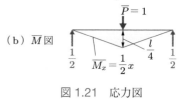

図1.22

- -

解答　回転角を求める場合，作用させる単位荷重はモーメント力$\overline{M}=1$となる．M図，$\overline{M}$図はそれぞれ図1.23のようになる．図より，回転角θ_{B}は，つぎのように求められる．

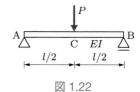

（a）M図

$0 \le x \le \dfrac{l}{2}$　　$\dfrac{l}{2} < x \le l$

$M_x = \dfrac{1}{2}Px$　　$M_x = -\dfrac{1}{2}Px + \dfrac{1}{2}Pl$

$$\theta_{\mathrm{B}} = \int \frac{M_x \overline{M_x}}{EI} \mathrm{d}x$$

（b）$\overline{M}$図

$\overline{M_x} = -\dfrac{x}{l}$　　　$\overline{M} = 1$

$$= \int_0^{l/2} \frac{\left(\frac{1}{2}Px\right)\left(-\frac{x}{l}\right)}{EI} \mathrm{d}x$$

図1.23　応力図

$$+ \int_{l/2}^{l} \frac{\left(-\frac{1}{2}Px + \frac{1}{2}Pl\right)\left(-\frac{x}{l}\right)}{EI} \mathrm{d}x$$

$$= -\frac{Pl^2}{16EI}$$

例題 1.5　図 1.24 に示す構造物の点 B の水平変位 δ_B（右向きを正とする）を求め
よ．なお，せん断力の影響は無視でき，曲げ変形のみを考慮するものとする．

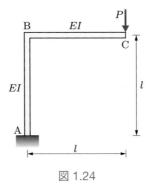

図 1.24

解答　M 図，$\overline{M}$ 図はそれぞれ図 1.25 のようになる．$\overline{M}$ 図において，部材 BC
では $\overline{M_x} = 0$ なので，部材 AB のみを考えればよい．よって，つぎのように求めら
れる．

$$\delta_B = \int \frac{M_x \overline{M_x}}{EI}\mathrm{d}x = \int_0^l \frac{(-Pl)(-x)}{EI}\mathrm{d}x = \frac{Pl^3}{2EI}$$

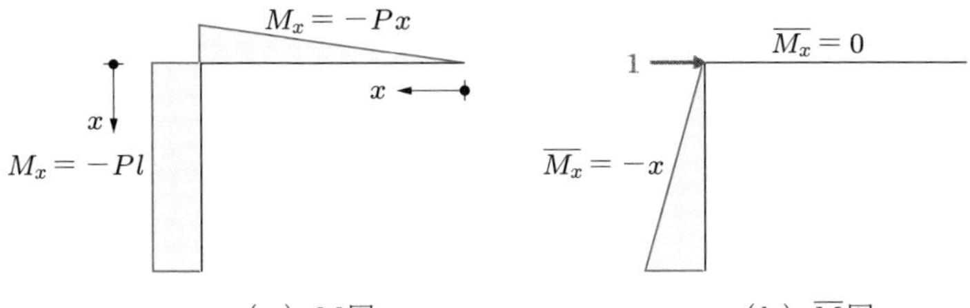

$M_x = -Px$

x

$M_x = -Pl$

$\overline{M_x} = 0$

1

$\overline{M_x} = -x$

（a）M 図　　　　　　　　　（b）$\overline{M}$ 図

図 1.25　応力図

■1.3.2　トラスの変形計算

　軸力のみが作用するトラス構造物の変形計算を求めてみよう．

　式 (1.47) は軸力・せん断力・曲げモーメントが同時に作用する一般的な梁の場合の
関係式であるが，トラス構造物の場合はせん断力・曲げモーメントが作用しないため
（$M = Q = 0$），整理すれば次式のように簡便に表すことができる．

$$\delta_1 = \int \frac{N_x \overline{N_x}}{EA}\mathrm{d}x \tag{1.50}$$

さらに，一般的なトラス構造であれば，荷重は節点のみに作用し，中間荷重は存在しない．つまり，軸力 N_x は部材内で変化せず一定となるため，積分をする必要さえなくなる．よって，n 個の部材数よりなるトラス構造物の単位仮想荷重法の式は，次式のような，さらに簡略化された表現に整理できる．

$$\delta_1 = \sum_{i=1}^{n} \frac{N_i \overline{N_i}}{E_i A_i} l_i \tag{1.51}$$

ここで，$\overline{N_i}$ は単位仮想荷重による部材 i の軸力，N_i は実際の荷重による部材 i の軸力，l_i は部材 i の長さ，$E_i A_i$ は部材 i のヤング係数および断面積である．

もし，すべての部材のヤング係数および断面積が等しく EA である場合は，$\sum$ の外に出すことができ，次式となる．

$$\delta_1 = \frac{1}{EA} \sum_{i=1}^{n} N_i \overline{N_i} l_i \tag{1.52}$$

トラス構造物の場合，表 1.1 のような計算表がよく用いられる．このような表を作成することで，計算ミスや部材忘れを防げ，検算も容易になる．

表 1.1　計算表の例

部材名	l_i	$E_i A_i$	N_i	$\overline{N_i}$	$\dfrac{N_i \overline{N_i} l_i}{E_i A_i}$
AB					
AC					
BC					
...					
$\displaystyle\sum_{i=1}^{n} \frac{N_i \overline{N_i} l_i}{E_i A_i}$					

例題 1.6 単位仮想荷重法により，図 1.26 に示すトラス構造物の点 G の鉛直変位 δ を求めよ．なお，部材の断面積は A，ヤング係数は E とする．

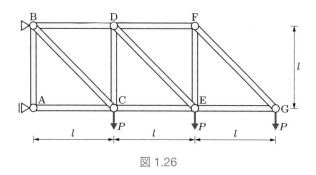

図 1.26

解 答 与えられた荷重に対する軸力図（N 図），点 G に下向きに単位仮想荷重 $\overline{P} = 1$ を作用させたときの軸力図（$\overline{N}$ 図）はそれぞれ図 1.27 のようになる．計算表を用いて変位を計算すると表 1.2 のようになる．

よって，つぎのように求められる．

$$\delta = (35 + 12\sqrt{2})\frac{Pl}{EA}$$

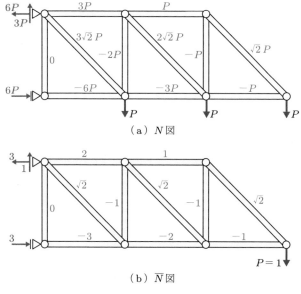

（a）N 図

（b）$\overline{N}$ 図

図 1.27 軸力図

表 1.2

部材名	l_i	$E_i A_i$	N_i	$\overline{N_i}$	$\dfrac{N_i \overline{N_i} l_i}{E_i A_i}$
AB	l	EA	0	0	0
AC	l	EA	$-6P$	-3	$\dfrac{18Pl}{EA}$
BC	$\sqrt{2}l$	EA	$3\sqrt{2}P$	$\sqrt{2}$	$\dfrac{6\sqrt{2}Pl}{EA}$
BD	l	EA	$3P$	2	$\dfrac{6Pl}{EA}$
CD	l	EA	$-2P$	-1	$\dfrac{2Pl}{EA}$
CE	l	EA	$-3P$	-2	$\dfrac{6Pl}{EA}$
DE	$\sqrt{2}l$	EA	$2\sqrt{2}P$	$\sqrt{2}$	$\dfrac{4\sqrt{2}Pl}{EA}$
DF	l	EA	P	1	$\dfrac{Pl}{EA}$
EF	l	EA	$-P$	-1	$\dfrac{Pl}{EA}$
EG	l	EA	$-P$	-1	$\dfrac{Pl}{EA}$
FG	$\sqrt{2}l$	EA	$\sqrt{2}P$	$\sqrt{2}$	$\dfrac{2\sqrt{2}Pl}{EA}$
$\displaystyle\sum_{i=1}^{n} \dfrac{N_i \overline{N_i} l_i}{E_i A_i}$				$(35 + 12\sqrt{2})\dfrac{Pl}{EA}$	

1.4 ▶ 相反定理

　本章の最後に，相反定理（相反作用の定理）を説明する．この定理は，ある問題を等価な別の問題に置き換えて考えることで解きやすくし，また荷重が移動するときの影響の変化を追うときなどに役に立つ．

　相反定理は以下のように導くことができる．

　図 1.28 に示すように，線形弾性体の単純梁に 2 種類の荷重 P_i，P_j が作用しており，それぞれ作用点は点 i，点 j とする．図 (a) は先に P_i が作用し，その後 P_j が作用した場合，図 (b) は逆に P_j が先に作用し，その後 P_i が作用した場合である．どちらの順序で荷重が作用しても，最終的に求められる変形状態は同じである．ここで，図 (a) の P_j の作用よって生じる点 i の変位を δ_{ij}，図 (b) の P_i の作用によって生じる点 j の変

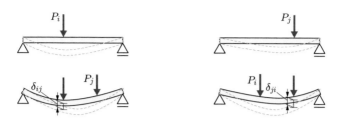

（a）$P_i \to P_j$ の順に作用した場合　　（b）$P_j \to P_i$ の順に作用した場合

図 1.28　実際の外力・応力と仮想の変位・ひずみ

位を δ_{ji} とする．また，P_i，P_j によって生じるモーメント分布を M_{xi}，M_{xj} とする．

　問題を簡単にするため，曲げモーメントのみを考える．P_j が先に作用し，その後に仮想の外力 P_i を作用させる場合，仮想仕事式は式(1.47)から

$$P_i \delta_{ij} = \int \frac{M_x \overline{M_x}}{EI} \mathrm{d}x = \int \frac{M_{xj} M_{xi}}{EI} \mathrm{d}x \tag{1.53}$$

となる．ここで，δ_{ij} は点 j に作用する荷重 P_j によって点 i に生じる変位であることに注意する．

　逆に，P_i が先に作用し，その後仮想の外力 P_j を作用させる場合，仮想仕事式は

$$P_j \delta_{ji} = \int \frac{M_x \overline{M_x}}{EI} \mathrm{d}x = \int \frac{M_{xi} M_{xj}}{EI} \mathrm{d}x \tag{1.54}$$

となる．ここで，式(1.53)とは反対に，δ_{ji} は点 i に作用する荷重 P_i によって点 j に生じる変位であることに注意する．

　式(1.53)と式(1.54)の右辺が等しいことから，

$$P_i \delta_{ij} = P_j \delta_{ji} \tag{1.55}$$

が成り立つ．式(1.55)から，線形弾性体において荷重 P_i が δ_{ij} に対してする仕事 $P_i \delta_{ij}$ は，P_j が δ_{ji} に対してなす仕事 $P_j \delta_{ji}$ と等しいことがわかる．これを**相反定理**(reciprocal theorem) という．

　構造力学においてとくに便利なのは，荷重を単位荷重とした場合である．$P_i = 1$，$P_j = 1$ として式(1.55)を書き換えると，

$$\delta_{ij} = \delta_{ji} \tag{1.56}$$

となり，きわめて簡潔な表現となる．これは文章で表せば，構造物のある点 i に単位力が作用したときに生じる別の点 j の変位は，逆に点 j に（先の点 j 変位と同じ方向に）単位荷重を作用させたときの点 i の（先の点 i 単位荷重と同じ方向の）変位に等

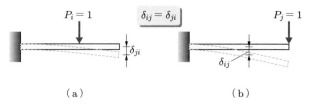

（a） （b）

図 1.29 単位荷重とした場合の相反定理

しいことを示している（図 1.29）．何とも不思議な感じのする話であるが，使い方によってはたいへん便利な定理であり，さまざまな形で応用して用いられている．

相反定理を使って問題を解いてみよう．

例題 1.7 図 1.30 に示す片持梁において，荷重 P の作用位置 C の先端 A からの距離 a が $0{\sim}l$ まで変化するとする．そのとき，先端 A の鉛直変位 δ がどのように変化するか調べ，横軸 a，縦軸 δ としてグラフに描け．

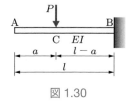

図 1.30

解 答 相反定理より，荷重 $P = 1$ が点 C に作用したとき（状態 1）の点 A の変位 δ_1 は，荷重 $P = 1$ が点 A に作用したとき（状態 2）の点 C の変位 δ_2 に等しい．状態 2 の変位分布は，単位仮想荷重法やモールの定理を用いることで容易に求めることができる．状態 1，2 の応力図は，それぞれ図 1.31 のようになる．

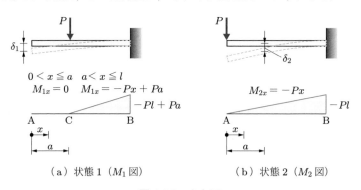

（a）状態 1（M_1 図） （b）状態 2（M_2 図）

図 1.31 応力図

また，$\overline{M_2}$ 図は M_1 図において，$P = 1$ とした場合と同一となる．AC 間は $\overline{M_2} = 0$ となるので，CB 間のみを計算すればよい．

$$\delta_2 = \int_a^l \frac{(-Px)(-x+a)}{EI}\mathrm{d}x = \int_a^l \frac{Px^2 - Pax}{EI}\mathrm{d}x$$

$$= \left[\frac{Px^3}{3EI} - \frac{Pax^2}{2EI}\right]_a^l = \frac{Pa^3}{6EI} - \frac{Pal^2}{2EI} + \frac{Pl^3}{3EI} = \frac{P}{6EI}(a-l)^2(a+2l)$$

δ_2 を変数 a に関する関数とみなし，$\delta_2(a)$ と表現すると，つぎのように表せる.

$$\delta_2(0) = \frac{Pl^3}{3EI}$$

$$\delta_2(l) = 0$$

$$\delta_2\left(\frac{l}{2}\right) = \frac{5Pl^3}{48EI}$$

また，$\delta_2(a)$ を a に関してそれぞれ 1 回微分，2 回微分すると，次式となる.

$$\delta_2'(a) = \frac{Pa^2}{3EI} - \frac{Pl^2}{2EI} \qquad (0 \leqq a \leqq l \text{ において，つねに } \delta_2'(a) < 0)$$

$$\delta_2''(a) = \frac{2Pa}{3EI} \qquad (0 \leqq a \leqq l \text{ において，つねに } \delta_2''(a) > 0)$$

よって，グラフは $0 \leqq a \leqq l$ において下に凸の曲線となる．グラフに表すと図 1.32 のようになる.

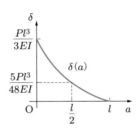

図 1.32　a と δ の関係

演習問題 ▶

1.1　図 1.33〜1.36 の静定梁の変位を求めよ.

(1) 点 B の鉛直変位 δ_B（下向きを正）　　　(2) 点 C の鉛直変位 δ_C（下向きを正）

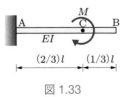

図 1.33

図 1.34

(3) 点 C の回転角 θ_{C}（時計まわりを正）　　(4) 点 C の鉛直変位 δ_{C}（下向きを正）

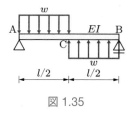

図 1.35

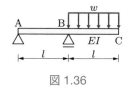

図 1.36

1.2 　図 1.37〜1.39 の静定構造物の変位を求めよ.

(1) 点 C の鉛直変位 δ_{C}（下向きを正）　　(2) 点 D の水平変位 δ_{D}（右向きを正）

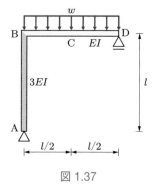

図 1.37

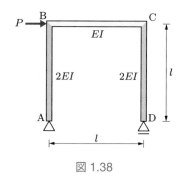

図 1.38

(3) 点 C の鉛直変位 δ_{C}（下向きを正）

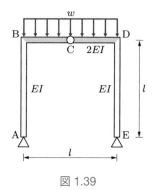

図 1.39

1.3 図 1.40〜1.42 のトラス構造物の変位を求めよ. なお, 部材の断面積は A, ヤング係数は E とする.

(1) 点 D の水平変位 δ_D (右向きを正)　　　(2) 点 C の鉛直変位 δ_C (下向きを正)

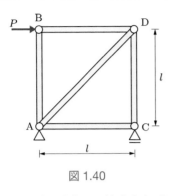
図 1.40

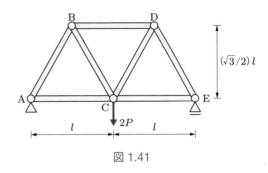
図 1.41

(3) 点 F の水平変位 δ_F (右向きを正)

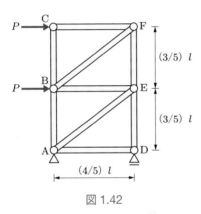
図 1.42

第2章

応力法

　これまで学んできた解析法は，すべて静定構造物の応力や変形を解くためのものであった．本章から，不静定構造物の解法について説明していこう．静定構造物では，力の釣り合い条件のみで応力を求めることができたが，不静定構造物を解く，すなわち荷重に対する応力や変形を求めるためには，力の釣り合いのみでは解を得ることができないため，いくつかの条件式を組み立ててから連立方程式を解くなどの工夫が必要である．

　不静定構造物の解法は，大きく分けて応力法と変位法がある．本章では，まず応力法について説明する．**応力法**（force method）は，連立方程式を解く際に応力を未知数とし，前章で説明した仮想仕事の原理の変形計算を利用する方法で，不静定次数の低い構造物を手計算で解くのに適している．

2.1 ▶ 応力法の基本的な考え方

　応力法では，前章で説明した仮想仕事の原理による変形計算を利用する．以下，応力法の手順について，曲げを受ける構造物の場合とトラスの場合に分けて説明する．

■2.1.1　曲げを受ける不静定構造物の解法

　図 2.1 に示す単純梁（一端ピン支点，他端ローラー支点）は，反力の数が 3 個に対して，釣り合い式 3 個と同じ数なので，静定構造物である（I 巻第 8 章参照）．図 2.2

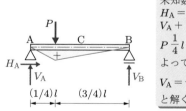

未知数：V_A, V_B, H_A　　　　　　　3 個
$H_A = 0$
$V_A + V_B - P = 0$
$P \dfrac{1}{4} l - V_B l = 0$　　$\left.\right\}$ 釣り合い式：3 個
よって，
$V_A = \dfrac{3}{4} P$,　$V_B = \dfrac{1}{4} P$,　$H_A = 0$
と解くことができる

図 2.1　静定構造物

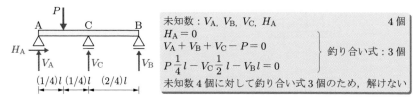

図 2.2 不静定構造物

は，図 2.1 の単純梁の真ん中にローラー支点を追加した構造物である．ローラー支点を追加したことで，さきほどの静定時と比較して反力の数が一つ多くなり，不静定となる．

　不静定構造物を解くためには，部材の変形を考える必要があり，そのために部材の材料や断面の情報が必要になる．

　それでは，部材の断面や材料の情報が与えられたとして，具体的にどのように解けばよいのだろうか．応力法のポイントは，まずは支点を一つ外すなどしていったん静定構造として考えることである．静定構造物にするために実際の構造物から条件を変更した，この仮の状態のことを静定基本形とよぶ．

　静定基本形の作り方には，実はいろいろある．図 2.2 の構造物であれば，図 2.3 に示すように，

① 　中央の点 C の鉛直反力（ローラー支点）を取り除く（図(a)）
② 　点 B の鉛直反力（ローラー支点）を取り除く（図(b)）
③ 　点 A のピン支点の鉛直反力を取り除く（水平方向のみ拘束するローラー支点となる）（図(c)）
④ 　BC 間の曲げモーメントを取り除く（ヒンジを設ける）（図(d)）

などの方法がある．

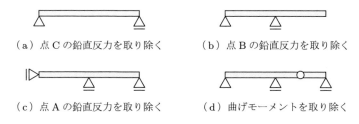

（a）点 C の鉛直反力を取り除く　　　（b）点 B の鉛直反力を取り除く

（c）点 A の鉛直反力を取り除く　　　（d）曲げモーメントを取り除く

図 2.3 静定基本形の作り方

　ここでは図 2.3(a) に示す静定基本形により問題を解くことにする．この際必要なのは，さきほどローラー支点を外した点 C の鉛直変位 δ_0（下向き）である．これは前章で説明した単位仮想荷重法やモールの定理を用いれば容易に解くことができる（この

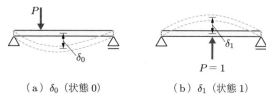

（a）δ_0（状態0）　　　　（b）δ_1（状態1）

図 2.4　δ_0 および δ_1 の計算

状態を状態 0 とよぶ．図 2.4(a)）．ここでは鉛直下向きを正とする．

　さて，これで点 C の変形は求められたが，元の図 2.2 の不静定構造物に立ち戻って考えれば，中央の点 C はローラー支点であり，生じるはずのない変位 δ_0 が生じてしまっている．

　これを 0 とするために，下から力を作用させて元に戻そうとしてみよう．どのくらいの力を作用させればよいかはまだわからないので，とりあえず単位荷重 $P=1$ の力で押してみて，そのときの上向きの変位 δ_1 を求めてみる．これは先ほど δ_0 を求めたときと同様，単位仮想荷重法などを用いて容易に求めることができる（この状態を状態 1 とよぶ．図 2.4(b)）．

　さて，求められた δ_1 を δ_0 と比較するとどうだろうか．この場合，δ_0 は下向き（正），δ_1 は上向き（負）の変位であることに注意する．当然この段階では下から適当な荷重（$P=1$）を作用させただけであるから一致していない（図 2.5）．

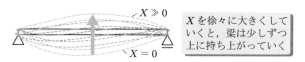

X を徐々に大きくしていくと，梁は少しずつ上に持ち上がっていく

図 2.5　X の大きさと変形の関係

　それでは，どのくらいの大きさの力を作用させればよいかというと，もともとこの点は変位が生じていない（$\delta=0$）わけであるから，

$$\delta_0 + X\delta_1 = 0 \tag{2.1}$$

となるような X を求めてやればよい．上式を変形すると，

$$X = -\frac{\delta_0}{\delta_1} \tag{2.2}$$

となる．ここでは δ_0 は正，δ_1 は負の値であるから，X は正となる．$P=1$ なので，下から大きさ X の力を作用させれば，ちょうど元に戻る（点 C の変位は 0）ことがわかる．この状態は図 2.2 の不静定構造物の状態と等しい．つまり，ここで求められた X は実は支点 C の鉛直反力と等しいことになる．

したがって，元の応力状態は図 2.4(a) の状態と，X 倍した図 (b) の状態を重ね合わせたものに等しい．それぞれの応力状態を足せば，不静定構造物の応力状態が求められる（図 2.6）.

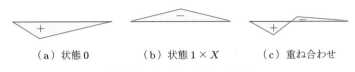

（a）状態 0 　　　（b）状態 $1 \times X$ 　　　（c）重ね合わせ

図 2.6 　δ_0 および δ_1 の計算

応力法は解き方がイメージしやすく，1 次の不静定であれば容易に，2 次ではやや面倒ではあるものの，手計算で解くことができ，比較的次数の少ない不静定構造物を解くのに非常に適した手法である．なお，次数が 3 次以上になり，計算が煩雑になれば，別の方法（たとえば第 3 章で説明するたわみ角法）などを検討したほうがよい.

応力法の解き方の流れを以下に整理する.

① 元の不静定構造のモデルから不静定次数と同数の剰余力（反力または断面力）を取り除いて静定基本形を作成する.

② 静定基本形に元のモデルの荷重を作用させ，取り除いた剰余力に対応する変位 δ_0（元のモデルでは生じないが，剰余力を取り除くことで発生する変位）を求める（状態 0）.

③ 剰余力に対応する単位（大きさ 1）の不静定力を作用させ，そのときの変位 δ_1 を求める（状態 1）.

④ $\delta_0 + X\delta_1 = 0$ の関係から，不静定力の大きさ X を求める.

⑤ 状態 0 と X 倍した状態 1 の状態を重ね合わせ，元の不静定構造の応力や反力を求める．変形も重ね合わせにより求めることができる.

例題 2.1 　図 2.7 に示す連続梁（不静定）の曲げモーメントを求めよ．なお，曲げ変形のみを考慮すればよい.

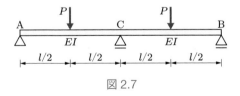

図 2.7

解答 点 C の鉛直反力を取り除いた静定基本形を考える．このときのモーメント図を求めると，図 2.8(a) のようになる.

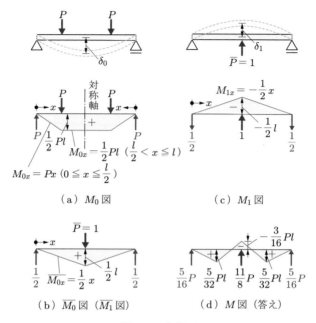

（a）M_0 図　　　　　（c）M_1 図

（b）$\overline{M_0}$ 図（$\overline{M_1}$ 図）　　　　（d）M 図（答え）

図 2.8　応力図

　まずは点 C の鉛直変位 δ_0 を求める．このため，点 C の鉛直下向きに単位仮想荷重 $\overline{P} = 1$ を作用させたときのモーメント図（$\overline{M_0}$ 図）を求める．

　M_0 図，$\overline{M_0}$ 図ともに点 C を通る鉛直軸に対して対称なので，ここでは対称性を利用しよう．点 C より左側半分について式をたて，それを 2 倍すればよい．式(1.53) より，δ_0 はつぎのように求められる（図 2.8(b)）．

$$\delta_0 = \int \frac{M_{0x}\overline{M_{0x}}}{EI}\mathrm{d}x = \left(\int_0^{l/2} \frac{(Px)\left(\frac{1}{2}x\right)}{EI}\mathrm{d}x + \int_{l/2}^l \frac{\left(\frac{1}{2}Pl\right)\left(\frac{1}{2}x\right)}{EI}\mathrm{d}x \right) \times 2$$

$$= \left(\frac{Pl^3}{48EI} + \frac{3Pl^3}{32EI} \right) \times 2 = \frac{11Pl^3}{48EI}$$

　つぎに，上向きの単位仮想荷重 $\overline{P} = 1$ を作用させたときの変位 δ_1 を求める（図 2.8(c)）．$\overline{M_1}$ 図は $\overline{M_0}$ 図と同一となる．

$$\delta_1 = \int \frac{M_{1x}\overline{M_{1x}}}{EI}\mathrm{d}x = \int_0^l \frac{\left(-\frac{1}{2}x\right)\left(\frac{1}{2}x\right)}{EI}\mathrm{d}x \times 2$$

$$= -\frac{l^3}{12EI} \times 2 = -\frac{l^3}{6EI}$$

$\delta_0 + X\delta_1 = 0$ の関係から次式となる.

$$X = -\frac{\delta_0}{\delta_1} = -\frac{11Pl^3}{48EI} \times \left(-\frac{6EI}{l^3}\right) = \frac{11}{8}P$$

よって,M_0 図と X 倍した $\overline{M_0}$ 図を重ね合わせて,図 2.8(d) のようなモーメント図が求められる.

ここでは,δ_1 を求める際の単位仮想荷重を上向きにとったが,下向きでもよい.その場合は,M_1 図は $\overline{M_1}$ 図,$\overline{M_0}$ 図と同一となり,δ_1 は正の値,X は負の値となる.どちらで計算したとしても,最終的に求められる答えは当然同じである.M_1 図をわざわざ描き直さなくてよく,変位と単位仮想荷重がつねに同じ向きを向く(この場合下向き)ことから,いったん慣れてしまえばこちらのほうが混乱が少ない.

例題 2.2　図 2.9 に示す不静定ラーメンの曲げモーメントを求めよ.なお,曲げ変形のみを考慮すればよい.

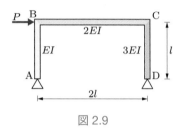

図 2.9

解答　点 D の水平反力を取り除いた静定基本形(点 D はローラー支点となる)を考える.このときのモーメント図を求めると,図 2.10(a) の M_0 図のようになる.

まずは点 D の水平変位 δ_0(右向きを正とする)を求める.このため,単位仮想荷重 $\overline{P} = 1$ を作用させたときのモーメント図($\overline{M_0}$ 図)を求める.CD 間は $M_{0x} = 0$ なので,AB,BC 間のみを計算すればよい.式(1.53)より,δ_0 はつぎのように求められる.

$$\delta_0 = \int \frac{M_{0x}\overline{M_{0x}}}{EI}\mathrm{d}x = \int_0^l \frac{(Px)(x)}{EI}\mathrm{d}x + \int_0^{2l} \frac{\left(\dfrac{Px}{2}\right)(l)}{2EI}\mathrm{d}x$$
$$= \frac{Pl^3}{3EI} + \frac{Pl^3}{2EI} = \frac{5Pl^3}{6EI}$$

先ほどの単位仮想荷重 $\overline{P} = 1$ が作用したときの水平変位 δ_1 は,M_1 図,$\overline{M_1}$ 図ともに $\overline{M_0}$ 図と同一であることに注意すれば,

$$\delta_1 = \int \frac{M_{1x}\overline{M_{1x}}}{EI}\mathrm{d}x = \int_0^l \frac{(x)(x)}{EI}\mathrm{d}x + \int_0^{2l} \frac{(l)(l)}{2EI}\mathrm{d}x + \int_0^l \frac{(x)(x)}{3EI}\mathrm{d}x$$

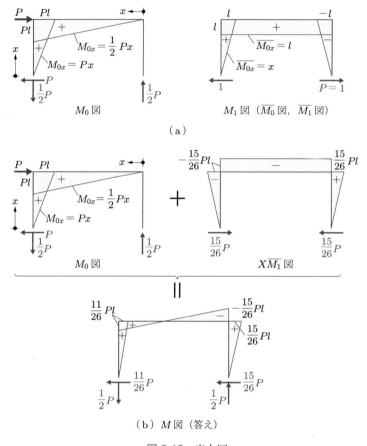

（a）

（b）M 図（答え）

図 2.10　応力図

$$= \frac{l^3}{3EI} + \frac{l^3}{EI} + \frac{l^3}{9EI} = \frac{13l^3}{9EI}$$

となり，$\delta + X\delta_1 = 0$ の関係から

$$X = -\frac{\delta_0}{\delta_1} = -\frac{5Pl^3}{6EI} \times \frac{9EI}{13l^3} = -\frac{15}{26}P$$

となる．よって，M_0 図と X 倍した $\overline{M_1}$ 図を重ね合わせて，図 2.10(b)のモーメント図が得られる．

■2.1.2　不静定トラスの解法

不静定トラス構造物の場合も基本的には同様の考え方で解くことができる．

図 2.11(a)のように，たとえば支点 D の水平反力を剰余力とすることで静定基本形を形成可能であれば，不静定ラーメンなどと同様の解き方で計算可能である．この場合，支点 D の変位を用いて不静定力（支点 D の水平反力）を求めることになる．ただし，トラス構造物の場合，軸力のみが生じるので，第 1 章で説明したように軸力を用いて変形を計算する．

図 2.11(b)のような不静定トラスの場合は，支点反力はこれ以上取り除けない（取り除くと不安定になってしまう）ので，いずれかの軸力を剰余力とすればよい．具体的には，部材を切断して軸力を開放（$N = 0$）するなどである（切断位置は部材内のどこでもよい）．ただし，構造物全体が安定性を失わないように切断する部材を決める必要がある．

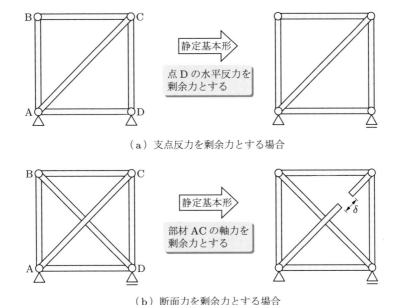

（a）支点反力を剰余力とする場合

（b）断面力を剰余力とする場合

図 2.11　不静定トラスの静定基本形

この場合，切断したと考えた部材は本来は局所的に不安定（自由に回転してしまう）となるものの，回転はしないものと仮定して計算してよい．その場合の δ_0, δ_1 は切断位置における隙間（または重なり），単位仮想荷重は切断面に作用する一対の逆向きの力となる．

例題 2.3 図 2.12 に示す不静定トラスの軸力を求めよ．なお，部材の断面積は A，ヤング係数は E とする．

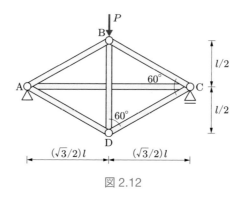

図 2.12

解 答 部材 AC の軸力を剰余力として静定基本形を作成する．

荷重 P が作用したときの軸力図（N_0 図），単位仮想荷重 $\overline{P} = 1$ が作用したときの軸力図（N_1 図）はそれぞれ図 2.13(a)のようになる．また，$\overline{N_0}$，$\overline{N_1}$ 図は N_1 図

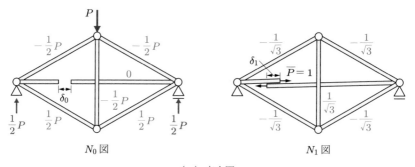

（a）応力図

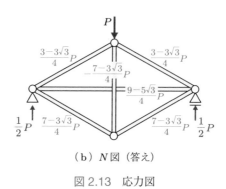

（b）N 図（答え）

図 2.13 応力図

と同じになる. 単位仮想荷重は, 切断面に対して引張方向とする. この場合, 変位は部材どうしが重なる側が正, 離れる側が負となる.

これより, 切断位置における変位 δ_0, δ_1 をそれぞれ単位仮想荷重法により計算表を用いて求めると, 表2.1のようになる.

表2.1

(a) δ_0 の計算表					
部材	l_i	$E_i A_i$	N_i	$\overline{N_i}$	$\dfrac{N_i \overline{N_i} l_i}{E_i A_i}$
AB	l	EA	$-\dfrac{1}{2}P$	$-\dfrac{1}{\sqrt{3}}$	$\dfrac{Pl}{2\sqrt{3}EA}$
AC	$\sqrt{3}l$	EA	0	1	0
AD	l	EA	$\dfrac{1}{2}P$	$-\dfrac{1}{\sqrt{3}}$	$-\dfrac{Pl}{2\sqrt{3}EA}$
BC	l	EA	$-\dfrac{1}{2}P$	$-\dfrac{1}{\sqrt{3}}$	$\dfrac{Pl}{2\sqrt{3}EA}$
BD	l	EA	$-\dfrac{1}{2}P$	$\dfrac{1}{\sqrt{3}}$	$-\dfrac{Pl}{2\sqrt{3}EA}$
CD	l	EA	$\dfrac{1}{2}P$	$-\dfrac{1}{\sqrt{3}}$	$\dfrac{Pl}{2\sqrt{3}EA}$
$\displaystyle\sum_{i=1}^{n} \dfrac{N_i \overline{N_i} L_i}{E_i A_i}$					$-\dfrac{Pl}{2\sqrt{3}EA}$

(b) δ_1 の計算表					
部材	l_i	$E_i A_i$	N_i	$\overline{N_i}$	$\dfrac{N_i \overline{N_i} l_i}{E_i A_i}$
AB	l	EA	$-\dfrac{1}{\sqrt{3}}$	$-\dfrac{1}{\sqrt{3}}$	$\dfrac{l}{3EA}$
AC	$\sqrt{3}l$	EA	1	1	$\dfrac{\sqrt{3}}{EA}$
AD	l	EA	$-\dfrac{1}{\sqrt{3}}$	$-\dfrac{1}{\sqrt{3}}$	$\dfrac{l}{3EA}$
BC	l	EA	$-\dfrac{1}{\sqrt{3}}$	$-\dfrac{1}{\sqrt{3}}$	$\dfrac{l}{3EA}$
BD	l	EA	$\dfrac{1}{\sqrt{3}}$	$\dfrac{1}{\sqrt{3}}$	$\dfrac{l}{3EA}$
CD	l	EA	$-\dfrac{1}{\sqrt{3}}$	$-\dfrac{1}{\sqrt{3}}$	$\dfrac{l}{3EA}$
$\displaystyle\sum_{i=1}^{n} \dfrac{N_i \overline{N_i} l_i}{E_i A_i}$					$\dfrac{(5+3\sqrt{3})l}{3EA}$

δ_0 が負の値となるのは切断面において隙間が空いていることを示し, δ_1 が正の値となるのは逆に部材どうしが切断面付近で重なっていることを示す.

$\delta_0 + X\delta_1 = 0$ の関係から, つぎのようになる.

$$X = -\frac{\delta_0}{\delta_1} = -\left(-\frac{Pl}{2\sqrt{3}EA}\right)\frac{3}{5+3\sqrt{3}}\frac{EA}{l} = \frac{9-5\sqrt{3}}{4}P$$

よって, N_0 図と X 倍した N_1 図を重ね合わせて, 図2.13(b)のような軸力図が得られる.

例題2.4 片持ち梁に，両端にヒンジを設けたトラス部材（BD）を組み合わせた図 2.14 に示す不静定構造物の，トラス部材の軸力および片持ち梁の曲げモーメントを求めよ．なお，片持ち梁部分は曲げ変形のみ考慮すればよい．また，$w = 1.60\,\text{kN/m}$, $l = 3.00\,\text{m}$, $E = 2.00 \times 10^5\,\text{N/mm}^2$, $A = 30.0\,\text{mm}^2$, $I = 1.50 \times 10^7\,\text{mm}^4$ とする．

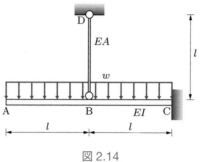

図 2.14

解答 トラス部材を切断した静定基本形を考える．このときのモーメント図 M_0 および切断面に引張方向の単位仮想荷重を作用させた場合のモーメント図 M_1 はそれぞれ図 2.15(a)のようになる．なお，この段階では具体的な値を用いず，E や I など記号のまま計算する．

M_0 図，M_1 図におけるそれぞれの切断面における変位 δ_0, δ_1 は式(1.53)より，つぎのようになる．

$$\delta_0 = \int_l^{2l} \frac{\left(-\dfrac{1}{2}wx^2\right)(x-l)}{EI}\,\mathrm{d}x = -\frac{17wl^4}{24EI}$$

$$\delta_1 = \int_l^{2l} \frac{(x-l)(x-l)}{EI}\,\mathrm{d}x + \frac{1 \times 1 \times l}{EA} = \frac{l^3}{3EI} + \frac{l}{EA}$$

ここで，$w = 1.60\,\text{kN/m}$, $E = 2.00 \times 10^5\,\text{N/mm}^2$ などの具体的な値を代入すると，

$$\delta_0 = -30.6\,\text{mm}$$

$$\delta_1 = 3.00 \times 10^{-3} + 5.00 \times 10^{-4} = 3.50 \times 10^{-3}\,\text{mm}$$

となり，$\delta_0 - X\delta_1 = 0$ の関係からつぎのように求められる．

$$X = -\frac{\delta_0}{\delta_1} = -\frac{-30.6}{3.50 \times 10^{-3}} = 8.74 \times 10^3\,\text{N} = 8.74\,\text{kN}$$

よって，トラス部材の軸力は $N = 8.74\,\text{kN}$ である．

また，M_0 図と，X 倍した M_1 図を重ね合わせて，図 2.15 (b) のような不静定構造物のモーメント図が得られる．

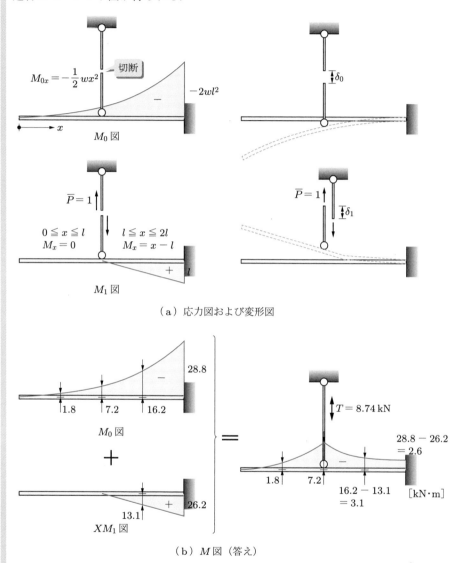

（a）応力図および変形図

（b）M 図（答え）

図 2.15　応力図および変形図

例題2.5 静定ラーメンにトラス部材を組み合わせた図2.16に示す不静定構造物の，トラス部材の軸力および曲げモーメントを求めよ．なお，静定ラーメン部分は曲げ変形のみ考慮すればよい．また，$P = 3.00\,\text{kN}$，$l = 3.00\,\text{m}$，$E = 2.00 \times 10^5\,\text{N/mm}^2$，$A = 5.00\,\text{mm}^2$，$I = 1.50 \times 10^6\,\text{mm}^4$ とする．

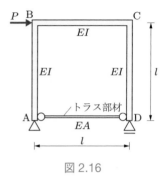

図 2.16

解答 トラス部材を切断した静定基本形を考える．このときのモーメント図 M_0 および切断面に引張方向の単位仮想荷重を作用させた場合のモーメント図 M_1 はそれぞれ図2.17(a)のようになる．なお，この段階では具体的な値を用いず，E や I など記号のまま計算する．

M_0 図，M_1 図におけるそれぞれの切断面における変位 δ_0，δ_1 は式(1.53)より，つぎのようになる．

$$\delta_0 = \int_0^l \frac{(Px)(-x)}{EI}\,\mathrm{d}x + \int_0^l \frac{(Px)(-l)}{EI}\,\mathrm{d}x = -\frac{Pl^3}{3EI} - \frac{Pl^3}{2EI} = -\frac{5Pl^3}{6EI}$$

$$\delta_1 = \int_0^l \frac{(-x)(-x)}{EI}\,\mathrm{d}x \times 2 + \int_0^l \frac{(-l)(-l)}{EI}\,\mathrm{d}x + \frac{1 \cdot 1 \cdot l}{EA}$$

$$= \frac{2l^3}{3EI} + \frac{l^3}{EI} + \frac{l}{EA} = \frac{5l^3}{3EI} + \frac{l}{EA}$$

ここで，$P = 3.00\,\text{kN}$，$E = 2.00 \times 10^5\,\text{N/mm}^2$ などの具体的な値を代入すると，

$$\delta_0 = -225\,\text{mm}$$

$$\delta_1 = 1.50 \times 10^{-1} + 3.00 \times 10^{-3} = 0.153\,\text{mm}$$

となり，$\delta_0 + X\delta_1 = 0$ の関係からつぎのように求められる．

$$X = -\frac{\delta_0}{\delta_1} = -\frac{-225}{0.153} = 1.47 \times 10^3\,\text{N} = 1.47\,\text{kN}$$

よって，トラス部材の軸力は $N = 1.47\,\text{kN}$ である．

また，M_0 図と，X 倍した M_1 図を重ね合わせて，図2.17(b)のような不静定構造物のモーメント図が得られる．

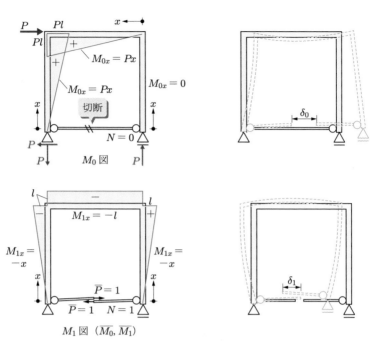

（a）応力図

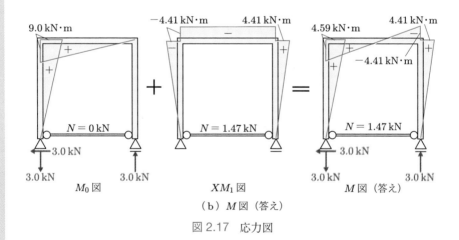

（b）M図（答え）

図 2.17 応力図

演習問題 ▶

2.1 図 2.18〜2.22 の不静定構造物について，応力法を用いて曲げモーメントを求めよ．なお，曲げ変形のみ考慮すればよい．

(1)

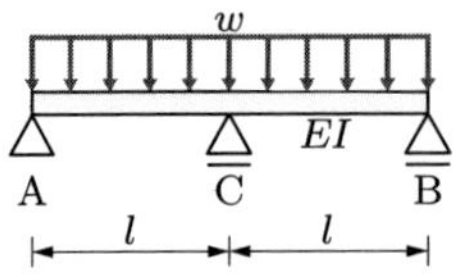

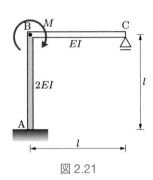

図 2.18

(2)

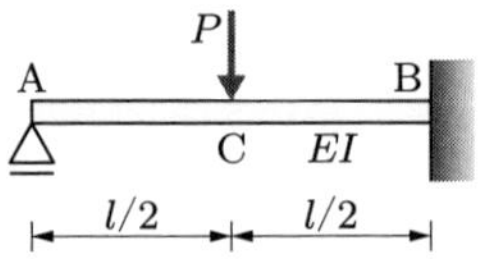

図 2.19

(3)

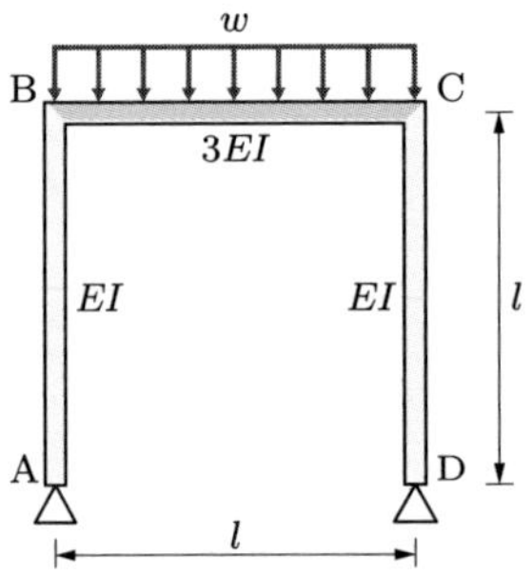

図 2.20

(4)

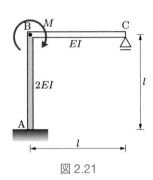

図 2.21

(5)

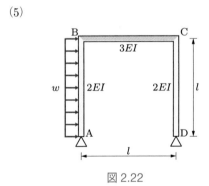

図 2.22

2.2 図 2.23，2.24 の不静定トラスの軸力および支点反力を求めよ．なお，部材のヤング係数は E，断面積は A とする．

(1)

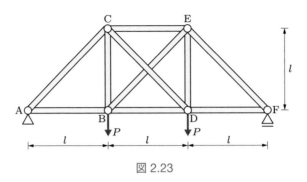

図 2.23

(2)

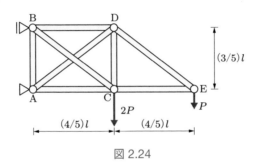

図 2.24

2.3 図 2.25 の不静定構造物の梁の曲げモーメントおよびトラス部材 BD の軸力を求めよ．なお，曲げを受ける部材は曲げ変形，トラス部材は軸変形のみ考慮すればよい．また，$A = 7I/l^2$ とする．

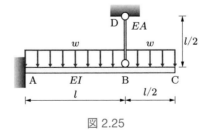

図 2.25

第3章

たわみ角法

前章で説明した応力法が応力を未知数とするのに対して，変位を未知数とするのが変位法である．本章では変位法の代表である**たわみ角法**（slope deflection method）について説明する．たわみ角法は，部材両端位置（節点）の曲げモーメントと変形角を未知数として連立方程式を組み立て，構造物の応力を数学的に解く解析手法である．実際の建物のラーメン構造など，不静定次数が多い場合でも厳密な答えを求めることができるが，多元の連立方程式を解く必要があり，コンピュータ処理に適した方法である．

3.1 ▶ たわみ角法の一般式

たわみ角法で問題を解くときに利用する一般式を導き，その重要な構成要素である固定端モーメントを説明する．

■3.1.1 たわみ角と部材角

たわみ角法で問題を解くための一般式を導出する．そのために，まずは手法の語源であるたわみ角，そして部材角を理解しよう．

図 3.1(a) に示す柱脚固定の門形骨組を，図(b)のように力学モデルに置き換え，水平力による変形状態を考える．ここでは，曲げモーメントによる微小変形（図では変形を強調）を想定している．このとき，節点において部材が元の位置から回転した角度である θ を**たわみ角**（rotation angle of node. 回転角ともいう）という．図(b)の枠内に示すように，剛節点ではすべての部材のたわみ角 θ は等しくなる．一方，部材全体が回転した角度である R を**部材角**（deflection angle of member）といい，次式で求められる．

$$R = \frac{\delta}{l} \tag{3.1}$$

ここで，δ は変位，l は部材の長さである．

図 3.1 の骨組の場合，柱脚部は固定されて回転しないのでたわみ角 θ は 0，梁は変

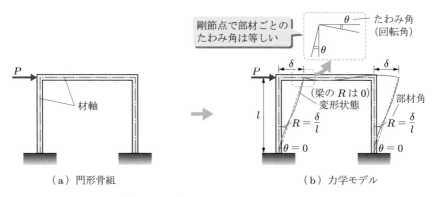

図 3.1 水平力を受ける門形骨組におけるたわみ角と部材角

形するが材全体の回転はないので部材角 R は 0 となる. また, 梁の伸縮は考慮しない (軸変形を無視) ので, 左右の柱で頭部の水平変位 δ は等しく, したがって, 左右の柱で部材角 R は等しい. たわみ角や部材角の符号は曲げモーメントと同様に時計まわりを正とする. よって, 図(b)における柱と梁の接合部のたわみ角 θ と柱の部材角 R は, 元の状態から部材が時計まわりに変形しているのでともに正である. また, たわみ角や部材角の単位には, [度 (°)] (degree) ではなく, 一般に [rad] (radian の略) を用いる.

例題 3.1 水平力 P を受けて変形した図 3.2 の門形骨組において, 柱の部材角 R を求めよ.

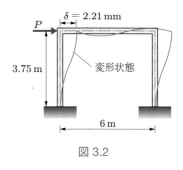

図 3.2

解答 柱頭の水平変位 $\delta = 2.21\,\mathrm{mm}$, 柱材の長さ $l = 3.75\,\mathrm{m} = 3750\,\mathrm{mm}$ なので, 式(3.1)よりつぎのように求められる.

$$R = \frac{\delta}{l} = \frac{2.21}{3750} = 5.89 \times 10^{-4}\,\mathrm{rad}$$

■3.1.2 一般式の導出

ある建物の骨組を図3.3(a)に示す. この骨組は高次不静定であり, さまざまな外力

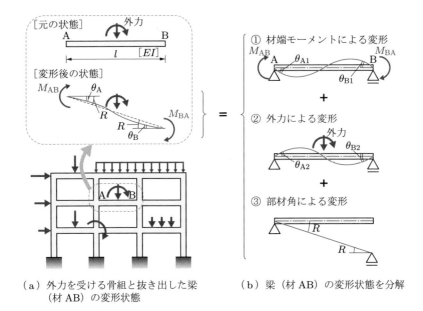

図 3.3　骨組における部材の材端モーメントと変形

が作用している．このとき，骨組中の材 AB（ここでは梁）を図のように抜き出して考える．この材の長さは l，断面二次モーメントは I で，ヤング係数が E である．部材の中間部に外力を受ける材 AB の変形後の状態は図(a)に示すようになり，端部の点 A と点 B におけるたわみ角がそれぞれ θ_A と θ_B であり，部材角が R である．このとき，端部に反力として発生する曲げモーメントを**材端モーメント**とよび，材 AB の点 A における材端モーメントを M_{AB}，点 B における材端モーメントを M_{BA} と表す．ここで，材 AB の変形状態は，図(b)に示すように，以下の三つの単純梁の変形状態に分解することができる．

①　材端モーメントによる変形
②　中間部に作用する外力による変形
③　部材角による変形

したがって，材 AB の材端におけるたわみ角 θ_A，θ_B は三つの単純梁の変形の重ね合わせとして，次式のように表すことができる．

$$\theta_A = \theta_{A1} + \theta_{A2} + R, \qquad \theta_B = \theta_{B1} + \theta_{B2} + R \qquad (3.2a, b)$$

①の状態は図 3.4 に示すように，左端に M_{AB} のみを作用させる単純梁（①–1）と右端に M_{BA} のみを作用させる単純梁（①–2）に分解して考えると解きやすい．①–1 と①–2 の状態の曲げモーメントと曲率の分布は図 3.4 のとおりとなり，たわみ曲線式

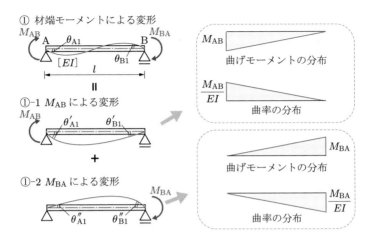

図 3.4 ①材端モーメントによる変形の分解

やモールの定理（I巻第10章参照）を利用してそれぞれのたわみ角を求めると次式となる.

$$\theta'_{A1} = \frac{M_{AB}\, l}{3EI}, \qquad \theta'_{B1} = -\frac{M_{AB}\, l}{6EI} \tag{3.3a, b}$$

$$\theta''_{A1} = -\frac{M_{BA}\, l}{6EI}, \qquad \theta''_{B1} = \frac{M_{BA}\, l}{3EI} \tag{3.3c, d}$$

このとき，θ'_{A1} と θ''_{B1} は時計まわりだから正，θ'_{B1} と θ''_{A1} は反時計まわりだから負となる.

①の状態における θ_{A1} と θ_{B1} は①-1 と①-2 の重ね合わせから，式(3.3)を用いて，次式で表すことができる.

$$\theta_{A1} = \theta'_{A1} + \theta''_{A1} = \frac{M_{AB}\, l}{3EI} - \frac{M_{BA}\, l}{6EI} = \frac{l}{6EI}(2M_{AB} - M_{BA}) \tag{3.4a}$$

$$\theta_{B1} = \theta'_{B1} + \theta''_{B1} = -\frac{M_{AB}\, l}{6EI} + \frac{M_{BA}\, l}{3EI} = \frac{l}{6EI}(-M_{AB} + 2M_{BA}) \tag{3.4b}$$

つぎに，②中間部に作用する外力による変形を考える．たわみ角法は，部材両端位置の曲げモーメントと変形角を未知数とする解法であるため，部材の中間部に作用する外力は，部材端部に作用する力に変換する必要がある．このため，図 3.5 に示すように，②-1 と②-2 の状態に分解して考える．②-1 は，両端を固定したときの，部材の中間部に作用する外力による変形状態である．固定した端部に反力として生じる曲げモーメント（C_{AB}, C_{BA}）を**固定端モーメント**（fixed-end moment）とよぶ（固定端モーメントの求め方は次項参照）．②-1 の状態で端部は固定であるから，θ'_{A2} と θ'_{B2} は 0 である．②-2 の状態は，②-1 で生じた固定端モーメントを解除するために点 A

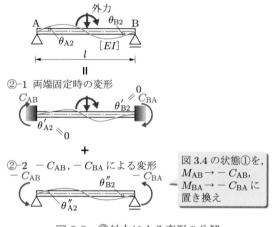

図 3.5 ②外力による変形の分解

に $-C_{\mathrm{AB}}$ を，点 B に $-C_{\mathrm{BA}}$ を作用させた単純梁である．このように，部材の中間部に作用する外力を固定端モーメントに変換し，②に示す部材両端位置の曲げモーメントと変形角の関係を設定する．

図 3.4 の状態①において，M_{AB} を $-C_{\mathrm{AB}}$ に，M_{BA} を $-C_{\mathrm{BA}}$ に置き換えれば②–2 の状態となることから，式 (3.4a, b) を利用して，θ''_{A2} と θ''_{B2} は次式で表すことができる．

$$\theta''_{\mathrm{A2}} = \frac{l}{6EI}(-2C_{\mathrm{AB}} + C_{\mathrm{BA}}), \qquad \theta''_{\mathrm{B2}} = \frac{l}{6EI}(C_{\mathrm{AB}} - 2C_{\mathrm{BA}}) \quad (3.5\mathrm{a,\ b})$$

したがって，②の状態における θ_{A2} と θ_{B2} は②–1 と②–2 の重ね合わせから，次式となる．ここで，θ'_{A2} と θ'_{B2} は 0 であることに注意する．

$$\theta_{\mathrm{A2}} = \theta'_{\mathrm{A2}} + \theta''_{\mathrm{A2}} = 0 + \frac{l}{6EI}(-2C_{\mathrm{AB}} + C_{\mathrm{BA}}) = \frac{l}{6EI}(-2C_{\mathrm{AB}} + C_{\mathrm{BA}}) \quad (3.6\mathrm{a})$$

$$\theta_{\mathrm{B2}} = \theta'_{\mathrm{B2}} + \theta''_{\mathrm{B2}} = 0 + \frac{l}{6EI}(C_{\mathrm{AB}} - 2C_{\mathrm{BA}}) = \frac{l}{6EI}(C_{\mathrm{AB}} - 2C_{\mathrm{BA}}) \quad (3.6\mathrm{b})$$

以上より，図 3.3(a) における材 AB のたわみ角 θ_{A}，θ_{B} は，式 (3.2a, b) に式 (3.4a, b) と式 (3.6a, b) を代入して，次式のように求めることができる．

$$\theta_{\mathrm{A}} = \theta_{\mathrm{A1}} + \theta_{\mathrm{A2}} + R = \frac{l}{6EI}(2M_{\mathrm{AB}} - M_{\mathrm{BA}} - 2C_{\mathrm{AB}} + C_{\mathrm{BA}}) + R \quad (3.7\mathrm{a})$$

$$\theta_{\mathrm{B}} = \theta_{\mathrm{B1}} + \theta_{\mathrm{B2}} + R = \frac{l}{6EI}(-M_{\mathrm{AB}} + 2M_{\mathrm{BA}} + C_{\mathrm{AB}} - 2C_{\mathrm{BA}}) + R \quad (3.7\mathrm{b})$$

ここで，式 (3.7a) × 2 ＋ 式 (3.7b)，式 (3.7a) ＋ 式 (3.7b) × 2 の操作をすることで，次式が得られる．

$$2\theta_{\mathrm{A}} + \theta_{\mathrm{B}} = \frac{l}{2EI}(M_{\mathrm{AB}} - C_{\mathrm{AB}}) + 3R \tag{3.8a}$$

$$2\theta_{\mathrm{B}} + \theta_{\mathrm{A}} = \frac{l}{2EI}(M_{\mathrm{BA}} - C_{\mathrm{BA}}) + 3R \tag{3.8b}$$

これらの式を材端モーメント M_{AB}, M_{BA} に関して変形すると次式となる.

$$M_{\mathrm{AB}} = \frac{2EI}{l}(2\theta_{\mathrm{A}} + \theta_{\mathrm{B}} - 3R) + C_{\mathrm{AB}} \tag{3.9a}$$

$$M_{\mathrm{BA}} = \frac{2EI}{l}(2\theta_{\mathrm{B}} + \theta_{\mathrm{A}} - 3R) + C_{\mathrm{BA}} \tag{3.9b}$$

上式は例示した梁部材に限らず，柱を含めてすべての部材に同様に適用できることから，**たわみ角法の一般式**とよぶ.

■3.1.3 固定端モーメント

前項の図 3.5 で示した**固定端モーメント**（fixed-end moment）とは，部材の両端を固定したとき，作用する外力によって端部に生じる曲げモーメントである．一般式である式(3.9a, b)にも登場し，たわみ角法における重要な構成要素である．外力を受ける両端固定材の材端モーメントは，図 3.6 のように静定基本形を仮定し，変形の適合条件を利用して求めることができる（2.1 節参照）．外力が作用しなければ，固定端モーメントは 0 である.

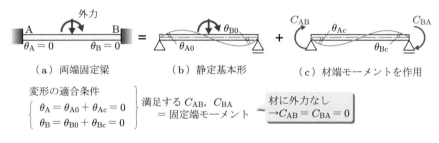

(a) 両端固定梁   (b) 静定基本形   (c) 材端モーメントを作用

図 3.6　固定端モーメント（C_{AB}, C_{BA}）の求め方

建物にはさまざまな外力が作用するが，なかでも部材中央に集中荷重が作用する場合と，全体に等分布荷重が作用する場合が多い．そこで，この二つを代表例として，図 3.7 と式(3.10a, b)に固定端モーメント（C_{AB}, C_{BA}）と曲げモーメントの分布（M 図），せん断力の分布（Q 図）を示す．ここで，図 3.7 に示す部材中央部での曲げモーメント分布の大きさを M_0 と表す．曲げモーメント図は左右対称となるが，固定端モーメント（C_{AB}, C_{BA}）は左右で符号が異なることに注意する．つまり，右端では部材の曲げモーメントと固定端モーメント C_{BA} の符号は逆となる．これらの図や式を暗記しておけば，骨組の応力図を求める際に役立つ.

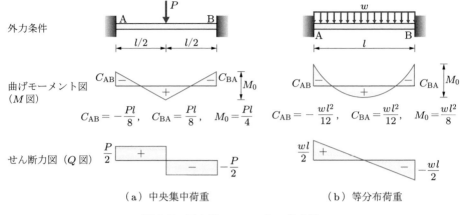

外力条件

曲げモーメント図
（M 図）

$$C_{AB} = -\frac{Pl}{8}, \quad C_{BA} = \frac{Pl}{8}, \quad M_0 = \frac{Pl}{4} \qquad C_{AB} = -\frac{wl^2}{12}, \quad C_{BA} = \frac{wl^2}{12}, \quad M_0 = \frac{wl^2}{8}$$

せん断力図（Q 図）

（a）中央集中荷重　　　　　　　（b）等分布荷重

図 3.7　固定端モーメントの代表例

中央集中荷重

$$C_{AB} = -\frac{Pl}{8}, \qquad C_{BA} = \frac{Pl}{8}, \qquad M_0 = \frac{Pl}{4} \tag{3.10a}$$

等分布荷重

$$C_{AB} = -\frac{wl^2}{12}, \qquad C_{BA} = \frac{wl^2}{12}, \qquad M_0 = \frac{wl^2}{8} \tag{3.10b}$$

例題 3.2　図 3.8 に示す骨組内の梁である材 AB と材 CD について，固定端モーメント C，材中央部における曲げモーメントの大きさ M_0，端部のせん断力の大きさ Q を求めよ．

84 kN

32 kN/m

A　　　　　　B

3.5 m　　3.5 m

C　　　5 m　　　D

図 3.8　骨組内の梁

解答

▶ 材 AB：中央集中荷重を受ける材 AB の両端を図 3.9(a)のように固定する．
　図 3.7(a)は中央集中荷重の場合であり，つぎのようになる．

$$C_{AB} = -\frac{Pl}{8} = -\frac{84 \times 7}{8} = -73.5\,\text{kN·m}$$

$$C_{BA} = \frac{Pl}{8} = \frac{84 \times 7}{8} = 73.5\,\text{kN·m}$$

$$M_0 = \frac{Pl}{4} = \frac{84 \times 7}{4} = 147\,\text{kN·m}$$

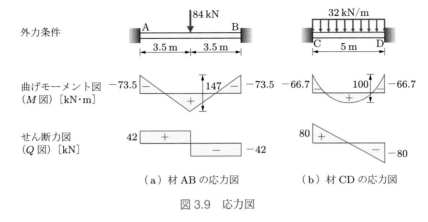

図 3.9 応力図

$$Q = \frac{P}{2} = \frac{84}{2} = 42\,\text{kN}$$

両端固定時の応力図を図 3.9(a)に示す.

▶ 材 CD：等分布荷重が作用する材 CD の両端を図 3.9(b)のように固定する.

図 3.7(b)は等分布荷重の場合であり，つぎのようになる.

$$C_{\text{CD}} = -\frac{wl^2}{12} = -\frac{32 \times 5^2}{12} = -66.7\,\text{kN·m}$$

$$C_{\text{DC}} = \frac{wl^2}{12} = \frac{32 \times 5^2}{12} = 66.7\,\text{kN·m}$$

$$M_0 = \frac{wl^2}{8} = \frac{32 \times 5^2}{8} = 100\,\text{kN·m}$$

$$Q = \frac{wl}{2} = \frac{32 \times 5}{2} = 80\,\text{kN}$$

両端固定時の応力図を図 3.9(b)に示す.

3.2 ▶ たわみ角法の基本式

たわみ角法の一般式を変形して基本式を導いていこう.

■3.2.1 剛度と剛比

複数の部材からなる建物が外力を受けると，かたい部材ほど大きな力を負担し，かたさにより分担率が異なる．曲げに対するかたさ，つまり，曲がりにくさを剛度 K とよび，次式で表される.

$$K = \frac{I}{l} \tag{3.11a}$$

ただし，部材によってヤング係数 E が異なる場合は，その影響を加味して次式となる．

$$K = \frac{EI}{l} \tag{3.11b}$$

ここで，I は断面二次モーメント，l は部材長さである．一般に EI を曲げ剛性とよぶ．式 (3.11a) の場合，剛度 K の単位は $[\mathrm{m}^3]$ や $[\mathrm{mm}^3]$ となり，式 (3.11b) の場合は，$[\mathrm{kN \cdot m}]$ や $[\mathrm{N \cdot mm}]$ となる．

また，建物内における部材の剛度の程度を示す比率を**剛比**（relative stiffness）k とよび，次式で求められる．

$$k = \frac{K}{K_0} \tag{3.12}$$

ここで，K_0 は標準剛度である．標準剛度 K_0 とは，その建物において基準とする剛度であり，任意の値としてよい．よって，剛比 k は比率であるから単位はない．

例題 3.3 図 3.10 に示すような梁がある．この梁について，断面の強軸に関する断面二次モーメント I，剛度 K，剛比 k を求めよ．なお，標準剛度は $K_0 = 2.55 \times 10^6\,\mathrm{mm}^3$ とする．

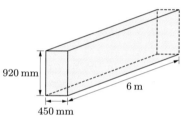

920 mm

6 m

450 mm

図 3.10

解答 断面二次モーメントは，図 3.11 に示すように，$I = bD^3/12$，剛度 K は式 (3.11a)，剛比 k は式 (3.12) からつぎのように求められる．

$$I = \frac{bD^3}{12} = \frac{450 \times 920^3}{12} = 2.92 \times 10^{10}\,\mathrm{mm}^4$$

$$K = \frac{I}{l} = \frac{2.92 \times 10^{10}}{6000} = 4.87 \times 10^6\,\mathrm{mm}^3$$

$$k = \frac{K}{K_0} = \frac{4.87 \times 10^6}{2.55 \times 10^6} = 1.91$$

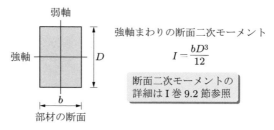

弱軸

強軸

D

b

部材の断面

強軸まわりの断面二次モーメント

$$I = \frac{bD^3}{12}$$

断面二次モーメントの
詳細はI巻9.2節参照

図3.11 長方形断面の断面二次モーメント

■3.2.2 基本式の導出

部材のヤング係数が均一である場合，式(3.11a)と式(3.12)から，$I/l = K = K_0 k$ となり，これを式(3.9a, b)に代入して整理すると，

$$M_{AB} = 2EK_0 k(2\theta_A + \theta_B - 3R) + C_{AB}$$

$$= k(2 \cdot 2EK_0\theta_A + 2EK_0\theta_B - 6EK_0R) + C_{AB} \qquad (3.13a)$$

$$M_{BA} = 2EK_0 k(2\theta_B + \theta_A - 3R) + C_{BA}$$

$$= k(2 \cdot 2EK_0\theta_B + 2EK_0\theta_A - 6EK_0R) + C_{BA} \qquad (3.13b)$$

となり，

$$\phi_A = 2EK_0\theta_A \qquad (3.14a)$$

$$\phi_B = 2EK_0\theta_B \qquad (3.14b)$$

$$\psi = -6EK_0R \qquad (3.15)$$

とし[†]，式(3.13a, b)に代入して整理すると，次式となる．

$$M_{AB} = k(2\phi_A + \phi_B + \psi) + C_{AB} \qquad (3.16a)$$

$$M_{BA} = k(2\phi_B + \phi_A + \psi) + C_{BA} \qquad (3.16b)$$

以上の両式を一つにまとめれば，次式のように表すことができる．

$$M_{ij} = k(2\phi_i + \phi_j + \psi) + C_{ij} \qquad (3.16c)$$

これらを**たわみ角法の基本式**とよぶ．一般式に比べて変数が少なく扱いやすいという長所がある．

---

† ここでの ϕ は曲率とは異なる．

3.3 ▶ 材端モーメントとせん断力の関係

　たわみ角法を用いてせん断力図を作成するためには，部材の材端モーメントとせん断力の関係を利用する．骨組内にある柱の曲げモーメント分布が図 3.12(a) に示す状態の場合，この柱に作用するせん断力を考える．なお，この柱に外力は作用していない．このとき，図 (b) に示すように，この柱を両端にモーメント荷重が作用する単純支持モデルとみなすことができる．このモデルの各支点における水平反力を H_{AB}，H_{BA} とすると，下端での曲げモーメントの釣り合いから，H_{BA} は次式となる．

$$M_{AB} + M_{BA} - H_{BA} \times l = 0 \quad \rightarrow \quad H_{BA} = \frac{M_{AB} + M_{BA}}{l} \quad (3.17a)$$

図 (b) において，水平力の釣り合いから H_{AB} は次式となる．

$$H_{AB} - H_{BA} = 0 \quad \rightarrow \quad H_{AB} = H_{BA} = \frac{M_{AB} + M_{BA}}{l} \quad (3.17b)$$

　したがって，図 3.12(c) に示すように，この柱には一様なせん断力 Q が作用することがわかり，H_{AB} と H_{BA} の向きから，せん断力 Q は負であり，次式となる．

$$Q = -H_{AB} = -\frac{M_{AB} + M_{BA}}{l} \quad (3.18)$$

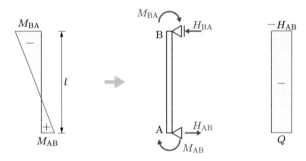

（a）柱の曲げモーメント図　　（b）単純支持モデル　　（c）せん断力図

図 3.12　材端モーメントとせん断力

　梁の場合も同様の関係であり，部材に外力が作用しないときのせん断力は，材端モーメントを用いて次式で求めることができる．

$$Q = -\frac{M_{AB} + M_{BA}}{l} \quad (3.19)$$

　なお，部材に外力が作用する場合は，図 3.13 に示すように，材端モーメントのみが作用する静定梁と外力のみが作用する静定梁に分解して考えればよい．このとき，端部の反力は重ね合わせから次式の関係となる．

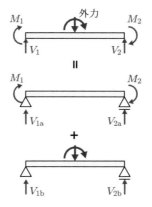

図 3.13 部材に外力が作用する場合

$$V_1 = V_{1a} + V_{1b} \tag{3.20a}$$

$$V_2 = V_{2a} + V_{2b} \tag{3.20b}$$

　元図のせん断力分布は，それぞれの静定梁のせん断力分布を重ね合わせることで求めることができる．

例題 3.4　図 3.14 に示す骨組の各材のせん断力を求めよ．なお，材端モーメントの値は図に示すとおりである．

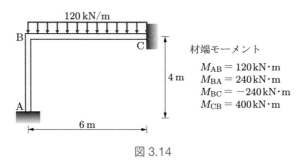

材端モーメント
$M_{AB} = 120 \,\mathrm{kN \cdot m}$
$M_{BA} = 240 \,\mathrm{kN \cdot m}$
$M_{BC} = -240 \,\mathrm{kN \cdot m}$
$M_{CB} = 400 \,\mathrm{kN \cdot m}$

図 3.14

解答　材 AB と材 BC に分離して考える．
▶ 材 AB：外力は作用しない．したがって，式 (3.19) より，せん断力はつぎのようになる．

$$Q = -\frac{M_{AB} + M_{BA}}{l_{AB}} = -\frac{120 + 240}{4} = -90 \,\mathrm{kN}$$

よって，応力状態は図 3.15(a) に示すとおりとなる．

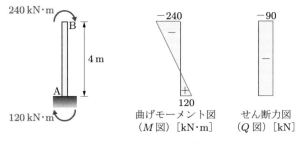

（a）材 AB の応力状態

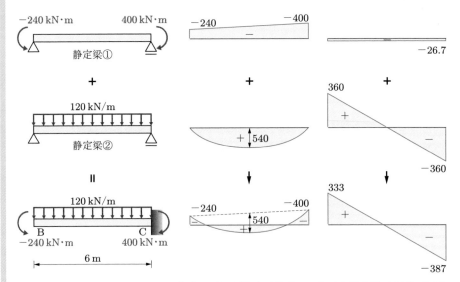

（b）材 BC の分解

図 3.15

▶ 材 BC：図 3.15（b）のように材端モーメントのみを与えた静定梁①と，外力のみを
与えた静定梁②に分けて考える．

式（3.19）より，静定梁①のせん断力はつぎのように求められる．

$$Q_① = -\frac{-240 + 400}{6} = -26.7 \text{ kN}$$

静定梁②の端部でのせん断力の大きさはつぎのように求められる．

$$Q_② = \frac{120 \times 6}{2} = 360 \text{ kN}$$

　$Q_①$ と $Q_②$ を考え合わせて，点 B でのせん断力 Q_B と点 C でのせん断力 Q_C は
つぎのようになる．

$$Q_B = -26.7 + 360 = 333\,\mathrm{kN}$$

$$Q_C = -26.7 - 360 = -387\,\mathrm{kN}$$

これから，せん断力図は図 3.15 (b) に示すようになる．

3.4 ▶ たわみ角法の適用

■3.4.1　節点方程式

　いかなる骨組においても，節点ごとに曲げモーメントは釣り合う．この骨組中の節
点における曲げモーメントの釣り合いを表す式が**節点方程式**（nodal equation）であ
る．例として 2 層骨組を図 3.16 に示す．この骨組が水平力を受けて変形したとき，た
とえば，節点 E に接続する 3 本の部材には，図に示すように材端モーメントが発生す
る．これら材端モーメントと外力モーメント（なければ 0）の釣り合いを表す式が節
点方程式である．したがって，節点 E における節点方程式は以下のいずれかになる．

　　節点 E に外力 M_E がある場合　　　$M_{EB} + M_{ED} + M_{EF} = M_E$　　　　(3.21)

　　節点 E に外力がない場合　　　$M_{EB} + M_{ED} + M_{EF} = 0$　　　　(3.22)

　図 3.16 に示す骨組の場合，複数の部材が接合する節点 B，節点 C，節点 D におい
ても節点方程式を考えることができる．

　外力を受ける骨組において，節点に移動が発生しない場合は，例題 3.5〜3.8 に示す

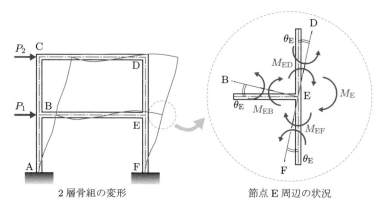

2 層骨組の変形　　　　　　　　　　節点 E 周辺の状況

図 3.16　水平力を受けて変形した 2 層骨組の節点

ように，節点方程式から材端モーメントを求めて，曲げモーメント図（M 図）を求めることができる．各節点では，曲げモーメントのみでなく，鉛直力と水平力も釣り合う．この関係から，例題 3.5 に示すように軸力図（N 図）とせん断力図（Q 図）を求めることもできる．なお，節点移動が発生する骨組を扱う場合は，節点方程式に加えて，3.4.3 項に示す層方程式も必要となる．

例題 3.5　図 3.17 に示す L 形骨組について，たわみ角法を用いて応力を求めよ．

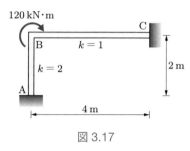

図 3.17

解答　骨組には図 3.18(a) のような変形が生じ，節点 B は回転するが，移動はしない．ここで，材 AB と材 BC に分離して考える．

▶ 材 AB：式 (3.16a, b) の基本式より，つぎのようになる．

$$M_{AB} = k(2\phi_A + \phi_B + \psi) + C_{AB}$$
$$M_{BA} = k(2\phi_B + \phi_A + \psi) + C_{BA}$$

剛比は $k = 2$．点 A は固定端なので $\theta_A = 0$．式 (3.14a) より，$\phi_A = 2EK_0\theta_A = 0$．材の傾きはないので $R_{AB} = 0$．式 (3.15) より，$\psi = -6EK_0R_{AB} = 0$．材の中間部に外力はないので，図 3.6 より，$C_{AB} = C_{BA} = 0$．よって，つぎのようになる．

$$M_{AB} = 2 \times (2 \times 0 + \phi_B + 0) + 0 = 2\phi_B$$
$$M_{BA} = 2 \times (2\phi_B + 0 + 0) + 0 = 4\phi_B$$

▶ 材 BC：基本式より，つぎのようになる．

$$M_{BC} = k(2\phi_B + \phi_C + \psi) + C_{BC}$$
$$M_{CB} = k(2\phi_C + \phi_B + \psi) + C_{CB}$$

剛比は $k = 1$．点 C は固定端なので，$\theta_C = 0$ で，$\phi_C = 2EK_0\theta_C = 0$．材の傾きはないので，$R_{BC} = 0$ で，$\psi = -6EK_0R_{BC} = 0$．材の中間部に外力はないので，$C_{AB} = C_{BA} = 0$．よって，つぎのようになる．

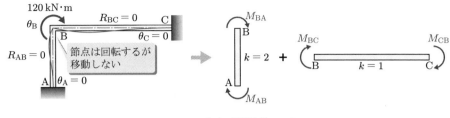

（a）変形性状

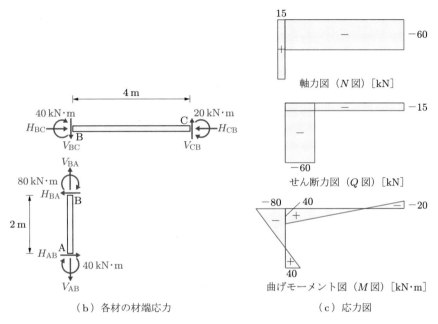

（b）各材の材端応力

（c）応力図

図 3.18

$$M_{BC} = 1 \times (2 \times \phi_B + 0 + 0) + 0 = 2\phi_B$$

$$M_{CB} = 1 \times (0 + \phi_B + 0) + 0 = \phi_B$$

点 B での節点方程式（式(3.21)参照）から，

$$M_{BA} + M_{BC} = 120, \qquad 4\phi_B + 2\phi_B = 120 \quad \rightarrow \quad \phi_B = \frac{120}{6} = 20\,\text{kN·m}$$

よって，各材端モーメントはつぎのようになる．

$$M_{AB} = 2 \times 20 = 40\,\text{kN·m}$$

$$M_{BA} = 4 \times 20 = 80\,\text{kN·m}$$

$$M_{BC} = 2 \times 20 = 40 \, \text{kN·m}$$

$$M_{CB} = 20 \, \text{kN·m}$$

各部材の材端に作用する曲げモーメントは図 3.18(b)のようになる.

つぎに,各材に作用するせん断力 Q と軸力 N を考える.外力がない材 AB のせん断力 Q_{AB} は式(3.19)より,

$$Q_{AB} = -\frac{M_{AB} + M_{BA}}{l} = -\frac{40 + 80}{2} = -60 \, \text{kN}$$

となる.したがって,$H_{AB} = H_{BA} = 60 \, \text{kN}$.同様に材 BC のせん断力 Q_{BC} は,

$$Q_{BC} = -\frac{M_{BC} + M_{CB}}{l} = -\frac{40 + 20}{4} = -15 \, \text{kN}$$

となり,したがって,$V_{BC} = V_{CB} = 15 \, \text{kN}$.

節点 B で水平力が釣り合うので,

$$H_{BC} = H_{BA} = 60 \, \text{kN}$$

節点 B で鉛直力が釣り合うので,

$$V_{BA} = V_{BC} = 15 \, \text{kN}$$

材 AB の鉛直力が釣り合うので,

$$V_{AB} = V_{BA} = 15 \, \text{kN}$$

材 BC の水平力が釣り合うので,

$$H_{CB} = H_{BC} = 60 \, \text{kN}$$

となる.以上より,軸力図 (N 図),せん断力図 (Q 図),曲げモーメント図 (M 図)は図 3.18(c)のようになる.

例題 3.6 図 3.19 に示す L 形骨組について,たわみ角法を用いて曲げモーメントを求めよ.

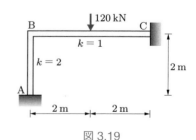

図 3.19

解答 骨組には図3.20(a)のような変形が生じ，節点Bは回転するが，移動はしない．ここで，材ABと材BCに分離して考える．

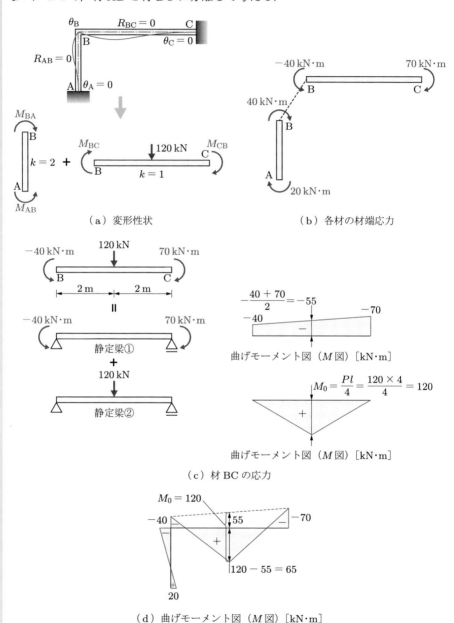

（a）変形性状

（b）各材の材端応力

（c）材BCの応力

（d）曲げモーメント図（M図）[kN·m]

図3.20

▶ 材 AB：$k = 2$

$$\theta_A = 0 \quad \rightarrow \quad \phi_A = 0, \qquad R_{AB} = 0 \quad \rightarrow \quad \psi = 0$$

材の中間部に外力はないので，$C_{AB} = C_{BA} = 0$．よって，つぎのように求められる．

$$M_{AB} = 2 \times (2 \times 0 + \phi_B + 0) + 0 = 2\phi_B$$

$$M_{BA} = 2 \times (2 \times \phi_B + 0 + 0) + 0 = 4\phi_B$$

▶ 材 BC：$k = 1$

$$\theta_C = 0 \quad \rightarrow \quad \phi_C = 0, \qquad R_{BC} = 0 \quad \rightarrow \quad \psi = 0$$

式 (3.10a) より，固定端モーメント（C_{BC}，C_{CB}）は以下となる．

$$C_{BC} = -\frac{Pl}{8} = -60\,\text{kN·m}, \qquad C_{CB} = \frac{Pl}{8} = 60\,\text{kN·m}$$

よって，つぎのように求められる．

$$M_{BC} = 1 \times (2 \times \phi_B + 0 + 0) - 60 = 2\phi_B - 60$$

$$M_{CB} = 1 \times (2 \times 0 + \phi_B + 0) + 60 = \phi_B + 60$$

点 B での節点方程式から，つぎのようになる．

$$M_{BA} + M_{BC} = 0$$

$$4\phi_B + 2\phi_B - 60 = 0 \quad \rightarrow \quad \phi_B = 10\,\text{kN·m}$$

よって，各材端モーメントはつぎのようになる．

$$M_{AB} = 2 \times 10 = 20\,\text{kN·m}$$

$$M_{BA} = 4 \times 10 = 40\,\text{kN·m}$$

$$M_{BC} = 2 \times 10 - 60 = -40\,\text{kN·m}$$

$$M_{CB} = 10 + 60 = 70\,\text{kN·m}$$

各部材の材端に作用する曲げモーメントは図 3.20(b) のようになる．

集中荷重の作用する材 BC については，図 3.20(c) に示すように二つの静定梁に分けて考えて，曲げモーメント図を合成する．

以上より，曲げモーメントは図 3.20(d) のようになる．

例題 3.7 図 3.21 の連続梁について，たわみ角法を用いて曲げモーメントとせん断力を求めよ.

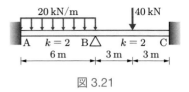

図 3.21

解答 連続梁には図 3.22(a) のような変形が生じ，節点 B は回転するが，移動はしない. ここで，材 AB と材 BC に分離して考える.

▶ 材 AB：$k = 2$

$$\theta_A = 0 \quad \to \quad \phi_A = 0, \qquad R_{AB} = 0 \quad \to \quad \psi = 0$$

$$C_{AB} = -\frac{wl^2}{12} = -\frac{20 \times 6^2}{12} = -60 \, \text{kN·m}$$

$$C_{BA} = \frac{wl^2}{12} = \frac{20 \times 6^2}{12} = 60 \, \text{kN·m}$$

$$M_{AB} = 2 \times (0 + \phi_B + 0) - 60 = 2\phi_B - 60$$

$$M_{BA} = 2 \times (2\phi_B + 0 + 0) + 60 = 4\phi_B + 60$$

▶ 材 BC：$k = 2$

$$\theta_C = 0 \quad \to \quad \phi_C = 0, \qquad R_{BC} = 0 \quad \to \quad \psi = 0$$

$$C_{BC} = -\frac{Pl}{8} = -\frac{40 \times 6}{8} = -30 \, \text{kN·m}$$

$$C_{CB} = \frac{Pl}{8} = \frac{40 \times 6}{8} = 30 \, \text{kN·m}$$

$$M_{BC} = 2 \times (2\phi_B + 0 + 0) - 30 = 4\phi_B - 30$$

$$M_{CB} = 2 \times (0 + \phi_B + 0) + 30 = 2\phi_B + 30$$

点 B での節点方程式から，つぎのように求められる.

$$M_{BA} + M_{BC} = 0$$

$$(4\phi_B + 60) + (4\phi_B - 30) = 0$$

$$8\phi_B + 30 = 0 \quad \to \quad \phi_B = -30/8 = -3.75$$

$$M_{AB} = 2 \times (-3.75) - 60 = -67.5 \, \text{kN·m}$$

$$M_{BA} = 4 \times (-3.75) + 60 = 45.0 \, \text{kN·m}$$

$$M_{BC} = 4 \times (-3.75) - 30 = -45.0 \, \text{kN·m}$$

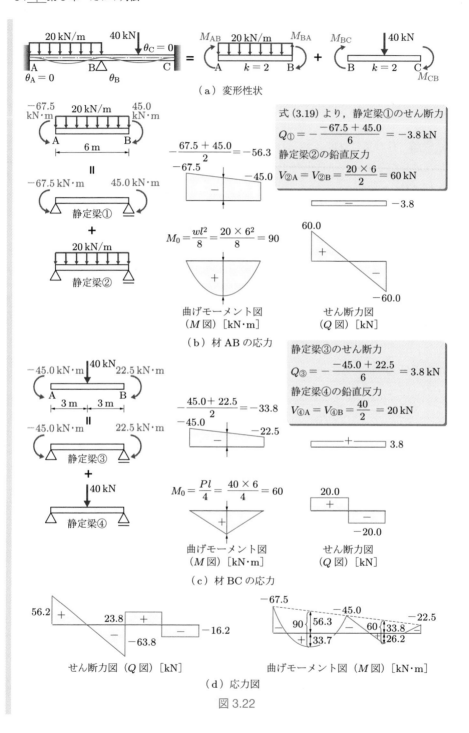

（a）変形性状

式（3.19）より，静定梁①のせん断力
$$Q_① = -\frac{-67.5 + 45.0}{6} = -3.8 \text{ kN}$$
静定梁②の鉛直反力
$$V_{②A} = V_{②B} = \frac{20 \times 6}{2} = 60 \text{ kN}$$

$$-\frac{67.5 + 45.0}{2} = -56.3$$

$$M_0 = \frac{wl^2}{8} = \frac{20 \times 6^2}{8} = 90$$

曲げモーメント図
（M 図）[kN·m]

せん断力図
（Q 図）[kN]

（b）材 AB の応力

静定梁③のせん断力
$$Q_③ = -\frac{-45.0 + 22.5}{6} = 3.8 \text{ kN}$$
静定梁④の鉛直反力
$$V_{④A} = V_{④B} = \frac{40}{2} = 20 \text{ kN}$$

$$-\frac{45.0 + 22.5}{2} = -33.8$$

$$M_0 = \frac{Pl}{4} = \frac{40 \times 6}{4} = 60$$

曲げモーメント図
（M 図）[kN·m]

せん断力図
（Q 図）[kN]

（c）材 BC の応力

せん断力図（Q 図）[kN]

曲げモーメント図（M 図）[kN·m]

（d）応力図

図 3.22

$$M_{CB} = 2 \times (-3.75) + 30 = 22.5\,\text{kN·m}$$

材 AB について，図 3.22(b)のように，材端モーメントを与えた静定梁①と，外力を与えた静定梁②に分けて，それぞれの応力図を考える．材 BC についても，図(c)のように，二つの静定梁に分けて，それぞれの応力図を考える．各材ごとに静定梁の応力状態を重ね合わせると，連続梁のせん断力図（Q 図），曲げモーメント図（M 図）は図(d)のようになる．

例題 3.8 図 3.23 の連続梁について，たわみ角法を用いて曲げモーメントとせん断力を求めよ．

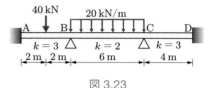

図 3.23

解答 連続梁は図 3.24(a)のように変形する．節点 B と節点 C は回転するが，移動はしない．材 AB，材 BC，材 CD に分離して考える．

▶ 材 AB：$k = 3$

$$\phi_A = 0, \qquad \psi = 0$$

$$C_{AB} = -\frac{Pl}{8} = -\frac{40 \times 4}{8} = -20\,\text{kN·m}, \qquad C_{BA} = \frac{Pl}{8} = \frac{40 \times 4}{8} = 20\,\text{kN·m}$$

$$M_{AB} = 3\phi_B - 20, \qquad M_{BA} = 6\phi_B + 20$$

▶ 材 BC：$k = 2$

$$\psi = 0$$

$$C_{BC} = -\frac{wl^2}{12} = -\frac{20 \times 6^2}{12} = -60\,\text{kN·m}$$

$$C_{CB} = \frac{wl^2}{12} = \frac{20 \times 6^2}{12} = 60\,\text{kN·m}$$

$$M_{BC} = 4\phi_B + 2\phi_C - 60, \qquad M_{CB} = 2\phi_B + 4\phi_C + 60$$

▶ 材 CD：$k = 3$

$$\phi_D = 0, \qquad \psi = 0, \qquad C_{CD} = C_{DC} = 0$$

$$M_{CD} = 6\phi_C, \qquad M_{DC} = 3\phi_C$$

点 B での節点方程式から，つぎのようになる．

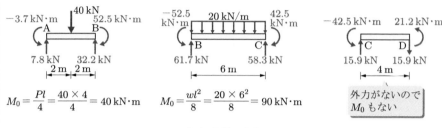

（a）変形性状

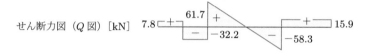

$$M_0 = \frac{Pl}{4} = \frac{40 \times 4}{4} = 40\,\text{kN·m} \qquad M_0 = \frac{wl^2}{8} = \frac{20 \times 6^2}{8} = 90\,\text{kN·m}$$

外力がないので
M_0 もない

（b）各材の応力

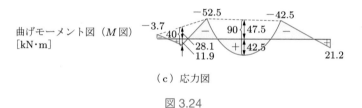

せん断力図（Q図）［kN］

曲げモーメント図（M図）
［kN·m］

（c）応力図

図 3.24

$$M_{\text{BA}} + M_{\text{BC}} = 0$$

$$(6\phi_{\text{B}} + 20) + (4\phi_{\text{B}} + 2\phi_{\text{C}} - 60) = 0$$

$$10\phi_{\text{B}} + 2\phi_{\text{C}} - 40 = 0 \qquad (1)$$

点 C での節点方程式から，つぎのようになる．

$$M_{\text{CB}} + M_{\text{CD}} = 0$$

$$(2\phi_{\text{B}} + 4\phi_{\text{C}} + 60) + (6\phi_{\text{C}}) = 0$$

$$2\phi_{\text{B}} + 10\phi_{\text{C}} + 60 = 0 \qquad (2)$$

式(1)，(2)の連立方程式を解くと，

$$\phi_{\text{B}} = 5.42, \qquad \phi_{\text{C}} = -7.08$$

となり，よって，つぎのように求められる．

$$M_{AB} = 3 \times 5.42 - 20 = -3.7\,\text{kN·m}$$

$$M_{BA} = 6 \times 5.42 + 20 = 52.5\,\text{kN·m}$$

$$M_{BC} = 4 \times 5.42 + 2 \times (-7.08) - 60 = -52.5\,\text{kN·m}$$

$$M_{CB} = 2 \times 5.42 + 4 \times (-7.08) + 60 = 42.5\,\text{kN·m}$$

$$M_{CD} = 6 \times (-7.08) = -42.5\,\text{kN·m}$$

$$M_{DC} = 3 \times (-7.08) = -21.2\,\text{kN·m}$$

部材ごとの鉛直反力を求めて，応力状態と M_0 を整理すると，図 3.24(b) のようになる．

以上から，せん断力図（Q 図）と曲げモーメント図（M 図）は図 3.24(c) のようになる．

■3.4.2 対称性の利用

骨組および作用する外力が，ある軸に対して対称である場合，対称性を利用して未知数を減らし，計算を簡略化できる．図 3.25(a) に示す骨組の変形性状は，図(b) に示すように，中央の対称軸で折り返せば重なるので対称である．このとき，対応する点のたわみ角である θ_B と θ_C は絶対値が等しく，符号が逆となる．また，図(c) のとおり，曲げモーメント分布も対称で，対応する点の曲げモーメントは絶対値が等しく，符号が逆となる．

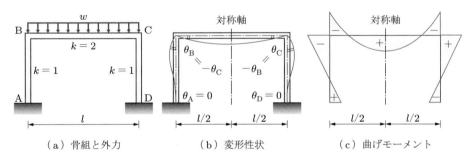

（a）骨組と外力　　　　（b）変形性状　　　　（c）曲げモーメント

図 3.25　対称である骨組の変形と曲げモーメント分布

例題 3.9 図 3.26 の門形骨組について，たわみ角法を用いて，また対称性を利用して応力を求めよ．

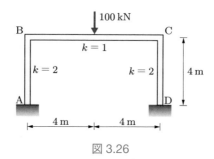

図 3.26

解答 骨組は図 3.27(a) のように変形し，中央軸に対して対称となる．点 C のたわみ角 θ_C は点 B のたわみ角 θ_B と絶対値が等しく逆向きである．対称性を利用することで，材 CD を省略して解くことができる．

▶ 材 AB：$k = 2$，$\phi_A = 0$，$\psi = 0$

$$C_{AB} = C_{BA} = 0$$

$$M_{AB} = 2 \times (0 + \phi_B + 0) + 0 = 2\phi_B$$

$$M_{BA} = 2 \times (2\phi_B + 0 + 0) + 0 = 4\phi_B$$

▶ 材 BC：$k = 1$，$\phi_B = -\phi_C$，$\psi = 0$

$$C_{BC} = -\frac{Pl}{8} = -\frac{100 \times 8}{8} = -100\,\text{kN·m},$$

$$C_{CB} = \frac{Pl}{8} = \frac{100 \times 8}{8} = 100\,\text{kN·m}$$

$$M_{BC} = 1 \times (2\phi_B + \phi_C + 0) - 100 = \phi_B - 100$$

$$M_{CB} = 1 \times (2\phi_C + \phi_B + 0) + 100 = -\phi_B + 100$$

点 B での節点方程式から，つぎのように求められる．

$$M_{BA} + M_{BC} = 0, \quad 5\phi_B - 100 = 0 \quad \rightarrow \quad \phi_B = 20$$

$$M_{AB} = 40\,\text{kN·m}, \quad M_{BA} = 80\,\text{kN·m}$$

$$M_{BC} = -80\,\text{kN·m}, \quad M_{CB} = 80\,\text{kN·m}$$

対称だから，$M_{DC} = -M_{AB} = -40\,\text{kN·m}$，$M_{CD} = -M_{BA} = -80\,\text{kN·m}$．

各部材の材端に作用する応力は図 3.27(b) のように，応力図は図 (c) のようになる．

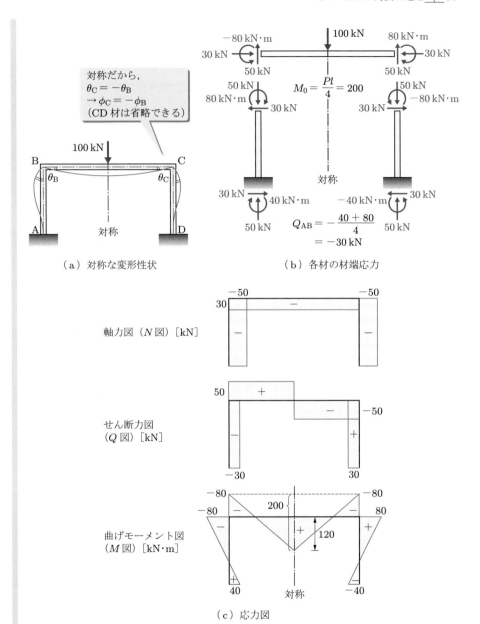

（a）対称な変形性状　　　　　　　　（b）各材の材端応力

（c）応力図

図 3.27

■3.4.3 層方程式

外力を受けて節点移動が生じる骨組では，節点方程式のみで解くことができない．そこで，骨組の層ごとにおける水平力の釣り合いを併せて考える．この釣り合い式を**層方程式**（shear equation）という．図 3.28 に示す 2 層骨組に図(a)のように水平力が作用するとき，曲げモーメント分布は図(b)のようになる．このとき，各柱に作用するせん断力 Q は，3.3 節で示した式(3.19)で求めることができる．図中に材 AB の Q_{AB} を例に示す．つぎに図(c)に示すように，各層の柱の途中で分離して水平力の釣り合いを考えると，上図から式(3.23)が，下図から式(3.24)の関係が得られる．これらが各層の層方程式である．

2 層の層方程式　　$Q_{CB} + Q_{DE} = P_2$ 　　　　　　　　　　　(3.23)

1 層の層方程式　　$Q_{AB} + Q_{EF} = P_1 + Q_{CB} + Q_{DE} = P_1 + P_2$ 　　(3.24)

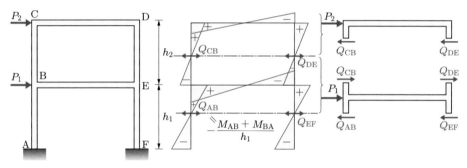

（a）2 層骨組と外力　　　　（b）曲げモーメント分布と　　（c）外力と柱のせん断力
　　　　　　　　　　　　　　　　柱のせん断力

図 3.28　水平力を受ける 2 層骨組と柱に作用するせん断力

例題 3.10　図 3.29 の骨組について，たわみ角法を用いて曲げモーメントを求めよ．

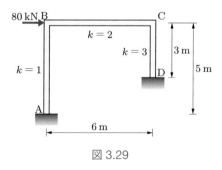

図 3.29

解答 骨組は図 3.30(a)のように節点移動を伴い変形する．点 B と点 C のたわみ角は異なるが，曲げによる微小変形のみを考えるので，点 B と点 C の水平変形 δ は等しく，つぎのようになる．

$$R_{AB} = \frac{\delta}{h_{AB}} = \frac{\delta}{5} \quad \rightarrow \quad \delta = 5R_{AB}, \qquad R_{DC} = \frac{\delta}{h_{CD}} = \frac{\delta}{3} \quad \rightarrow \quad \delta = 3R_{DC}$$

よって，つぎのようになる

$$5R_{AB} = 3R_{DC} \quad \rightarrow \quad R_{DC} = \frac{5}{3}R_{AB} \quad \rightarrow \quad \psi_{DC} = \frac{5}{3}\psi_{AB}$$

$$\phi_A = \phi_D = 0, \qquad \psi_{BC} = 0, \qquad \text{すべての } C = 0$$

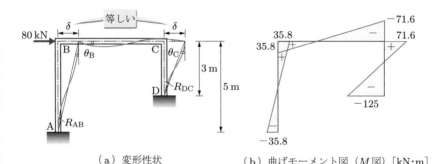

（a）変形性状　　　　　　　　　　　（b）曲げモーメント図（M 図）〔kN·m〕

図 3.30

▶ 材 AB：$k = 1$

$$M_{AB} = \phi_B + \psi_{AB}, \qquad M_{BA} = 2\phi_B + \psi_{AB}$$

$$Q_{AB} = -\frac{M_{AB} + M_{BA}}{h_{AB}} = -\frac{3\phi_B + \psi_{AB}}{5}$$

▶ 材 BC：$k = 2$

$$M_{BC} = 4\phi_B + 2\phi_C, \qquad M_{CB} = 4\phi_C + 2\phi_B$$

▶ 材 DC：$k = 3$

$$M_{DC} = 3\phi_C + 3\psi_{DC} = 3\phi_C + 5\psi_{AB}$$

$$M_{CD} = 6\phi_C + 3\psi_{DC} = 6\phi_C + 5\psi_{AB}$$

$$Q_{DC} = -\frac{M_{DC} + M_{CD}}{h_{CD}} = -\frac{9\phi_C + 10\psi_{AB}}{3}$$

点 B での節点方程式から，つぎのようになる．

$$M_{\mathrm{BA}} + M_{\mathrm{BC}} = 0 \quad \rightarrow \quad 6\phi_{\mathrm{B}} + 2\phi_{\mathrm{C}} + \psi_{\mathrm{AB}} = 0 \qquad (1)$$

点Cでの節点方程式から，つぎのようになる.

$$M_{\mathrm{CB}} + M_{\mathrm{CD}} = 0 \quad \rightarrow \quad 2\phi_{\mathrm{B}} + 10\phi_{\mathrm{C}} + 5\psi_{\mathrm{AB}} = 0 \qquad (2)$$

層方程式から，つぎのようになる.

$$Q_{\mathrm{AB}} + Q_{\mathrm{DC}} = 80 \quad \rightarrow \quad 9\phi_{\mathrm{B}} + 45\phi_{\mathrm{C}} + 56\psi_{\mathrm{AB}} = -1200 \qquad (3)$$

式(1)〜(3)の連立方程式を解くと，

$$\phi_{\mathrm{B}} = 0, \qquad \phi_{\mathrm{C}} = 17.9, \qquad \psi_{\mathrm{AB}} = -35.8$$

となり，よって，つぎのように求められる.

$$M_{\mathrm{AB}} = -35.8\,\mathrm{kN{\cdot}m}, \qquad M_{\mathrm{BA}} = -35.8\,\mathrm{kN{\cdot}m}$$

$$M_{\mathrm{BC}} = 35.8\,\mathrm{kN{\cdot}m}, \qquad M_{\mathrm{CB}} = 71.6\,\mathrm{kN{\cdot}m}$$

$$M_{\mathrm{DC}} = -125\,\mathrm{kN{\cdot}m}, \qquad M_{\mathrm{CD}} = -71.6\,\mathrm{kN{\cdot}m}$$

以上より，曲げモーメント図（M図）は図3.30(b)のようになる.

■3.4.4 逆対称性の利用

　図3.31(a)の門形骨組を例として考える．水平力を受ける骨組の変形性状は，図(b)のように，左右の柱の変形は同形状で，梁の変形は中央点について点対称となる．この状態を**逆対称**（inverse symmetry）とよぶ．このとき，対応する点のたわみ角である θ_{B} と θ_{C}，部材角である R_{AB} と R_{DC} は等しく，また，図(c)のように，曲げモーメント分布も逆対称となり，対応する点の曲げモーメントおよび柱のせん断力は等しくなる.

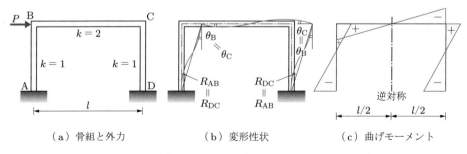

|（a）骨組と外力|（b）変形性状|（c）曲げモーメント|

図3.31　逆対称である骨組の変形と曲げモーメント分布

例題 3.11 図 3.32 の骨組について，たわみ角法を用いて，応力と点 B の水平変位を求めよ．

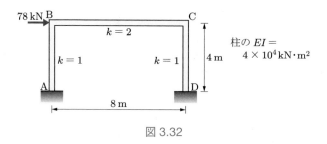

図 3.32

解答 骨組は図 3.33(a) のように逆対称に変形する．点 C のたわみ角 θ_C は点 B の θ_B と大きさも向きも等しい．節点移動があるので，節点方程式に加えて，層方程式を利用する．

▶ 材 AB：$k = 1$

$$M_{AB} = \phi_B + \psi_{AB}, \qquad M_{BA} = 2\phi_B + \psi_{AB}$$

▶ 材 DC：$k = 1$

$$M_{DC} = \phi_C + \psi_{DC} = \phi_B + \psi_{AB} = M_{AB}$$
$$M_{CD} = 2\phi_C + \psi_{DC} = 2\phi_B + \psi_{AB} = M_{BA}$$

▶ 材 BC：$k = 2$

$$M_{BC} = 2\times(2\phi_B+\phi_C) = 6\phi_B, \qquad M_{CB} = 2\times(2\phi_C+\phi_B) = 6\phi_B = M_{BC}$$

点 B での節点方程式から，つぎのようになる．

$$M_{BA} + M_{BC} = 0 \quad \rightarrow \quad 8\phi_B + \psi_{AB} = 0 \qquad (1)$$

$$Q_{AB} = -\frac{M_{AB} + M_{AB}}{h} = -\frac{3\phi_B + 2\psi_{AB}}{4}$$
$$Q_{DC} = -\frac{M_{DC} + M_{CD}}{h} = -\frac{3\phi_B + 2\psi_{AB}}{4} = Q_{AB}$$

層方程式から，つぎのようになる．

$$Q_{AB} + Q_{DC} = 78 \quad \rightarrow \quad -\frac{3\phi_B + 2\psi_{AB}}{4} \times 2 = 78$$
$$\rightarrow \quad 1.5\phi_B + \psi_{AB} = -78 \qquad (2)$$

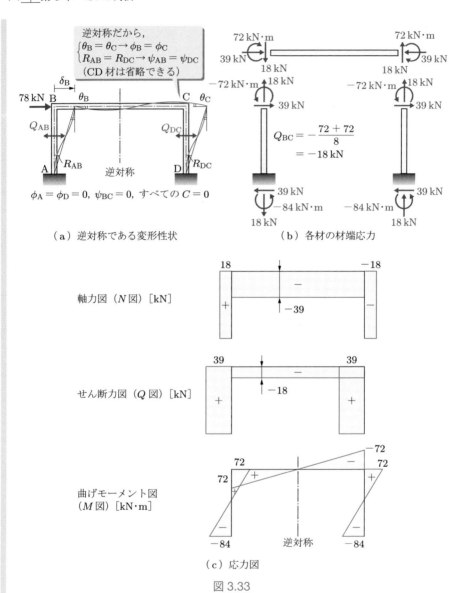

（a）逆対称である変形性状　　　　　（b）各材の材端応力

軸力図（N 図）[kN]

せん断力図（Q 図）[kN]

曲げモーメント図（M 図）[kN·m]

（c）応力図

図 3.33

式(1)，(2)の連立方程式を解くと，

$$\phi_B = 12, \qquad \psi_{AB} = -96$$

となり，よって，つぎのように求められる．

$$M_{AB} = M_{DC} = 12 - 96 = -84\,\text{kN·m}$$

$$M_{\mathrm{BA}} = M_{\mathrm{CD}} = 2 \times 12 - 96 = -72\,\mathrm{kN \cdot m}$$

$$M_{\mathrm{BC}} = M_{\mathrm{CB}} = 6 \times 12 = 72\,\mathrm{kN \cdot m}$$

$$Q_{\mathrm{AB}} = Q_{\mathrm{DC}} = -\frac{3 \times 12 + 2 \times (-96)}{4} = 39\,\mathrm{kN}$$

（逆対称だから半分ずつ負担）

以上より，各部材の材端に作用する応力は図 3.33(b) のように，応力図は図(c)のようになる．

点 B の水平変位 δ_{B} を，式(3.1)，(3.11a)，(3.12)，(3.15)を用いて以下に求める．

$$k = \frac{K}{K_0}, \quad K = \frac{I}{h} \text{より，} K_0 = \frac{I}{hk}$$

$$\psi_{\mathrm{AB}} = -6EK_0 R_{\mathrm{AB}} = -\frac{6EI}{hk} R_{\mathrm{AB}} \text{より，}$$

$$R_{\mathrm{AB}} = -\frac{hk}{6EI}\psi_{\mathrm{AB}} = -\frac{4 \times 1}{6 \times 4 \times 10^4} \times (-96) = 1.6 \times 10^{-3}\,\mathrm{rad}$$

$$R_{\mathrm{AB}} = \frac{\delta_{\mathrm{B}}}{h} \text{より，} \delta_{\mathrm{B}} = R_{\mathrm{AB}} \cdot h = 1.6 \times 10^{-3} \times 4 = 6.4 \times 10^{-3}\,\mathrm{m} = 6.4\,\mathrm{mm}$$

曲げ剛性 EI がきわめて大きく，剛比 k を無限大（∞）と見なせるような梁，柱を剛梁，剛柱とよぶ．剛梁や剛柱では，曲げモーメントを受けても変形がきわめて小さく，変形を無視できると考える．つぎの例題で剛梁をもつ骨組の応力を求めてみよう．

例題 3.12　図 3.34 に示す剛梁をもつ骨組について，たわみ角法を用いて応力を求め，材 AB の部材角と点 B の水平変位を求めよ．

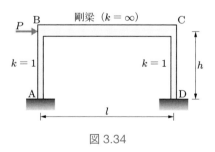

図 3.34

解答　骨組の変形は図 3.35(a) のように逆対称となる．このとき，剛梁の変形はきわめて微小で無視できることから，点 B と点 C のたわみ角 θ_{B}, θ_{C} を 0 と考えてよい．

▶ 材 AB：$k = 1$

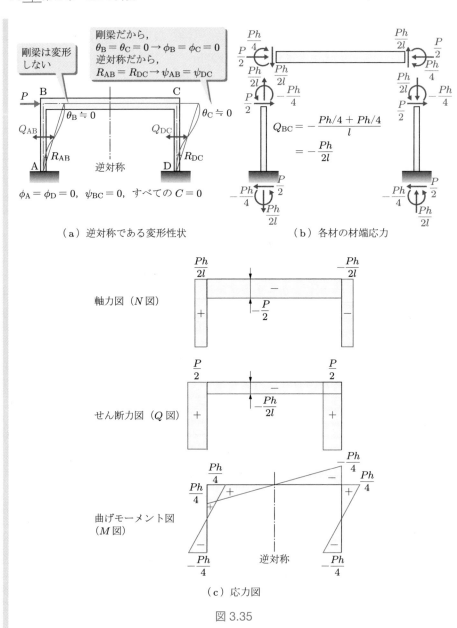

（a）逆対称である変形性状

（b）各材の材端応力

$$Q_{\mathrm{BC}} = -\frac{Ph/4 + Ph/4}{l} = -\frac{Ph}{2l}$$

軸力図（N図）

せん断力図（Q図）

曲げモーメント図
（M図）

（c）応力図

図 3.35

$$M_{\mathrm{AB}} = \psi_{\mathrm{AB}}, \qquad M_{\mathrm{BA}} = \psi_{\mathrm{AB}} = M_{\mathrm{AB}}$$

$$Q_{\mathrm{AB}} = -\frac{M_{\mathrm{AB}} + M_{\mathrm{BA}}}{h} = -\frac{2\psi_{\mathrm{AB}}}{h}$$

▶ 材 DC：$k = 1$. 逆対称だから，つぎのようになる.

$$M_{CD} = M_{BA}, \qquad M_{DC} = M_{AB}, \qquad Q_{DC} = Q_{AB}$$

▶ 材 BC：$k = \infty$ なので基本式は立てられない. 点 B での曲げモーメントの釣り合いから，

$$M_{BC} + M_{BA} = 0 \quad \rightarrow \quad M_{BC} = -M_{BA}$$

逆対称だから，

$$M_{CB} = M_{BC} = -M_{BA}$$

層方程式から，

$$Q_{AB} + Q_{DC} = P \quad \rightarrow \quad -\frac{2\psi_{AB}}{h} \times 2 = P \quad \rightarrow \quad \psi_{AB} = -\frac{Ph}{4}$$

となり，よって，つぎのように求められる.

$$M_{AB} = M_{BA} = M_{DC} = M_{CD} = -\frac{Ph}{4}$$
$$M_{BC} = M_{BC} = \frac{Ph}{4}$$
$$Q_{AB} = Q_{DC} = \frac{P}{2}$$

以上より，各部材の材端に作用する応力は図 3.35 (b) のように，応力図は図 (c) のようになる.

材 AB の部材角 R_{AB} と点 B の水平変位 δ_B を以下に求める.

$$k = \frac{K}{K_0}, \quad K = \frac{I}{h} \text{より,} \ K_0 = \frac{I}{hk}$$
$$\psi_{AB} = -6EK_0 R_{AB} = -\frac{6EI}{hk} R_{AB} \text{より,}$$
$$R_{AB} = -\frac{hk}{6EI}\psi_{AB} = -\frac{h}{6EI}\left(-\frac{Ph}{4}\right) = \frac{Ph^2}{24EI}$$
$$R_{AB} = \frac{\delta_B}{h} \text{より,} \ \delta_B = R_{AB} \cdot h = \frac{Ph^3}{24EI}$$

演習問題 ▶

3.1 図 3.36〜3.39 の骨組について，たわみ角法を用いて曲げモーメントを求めよ．

(1)

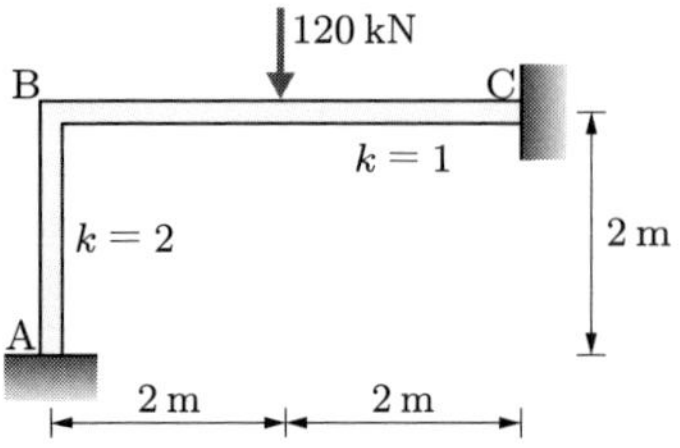

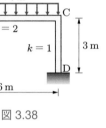

図 3.36

(2)

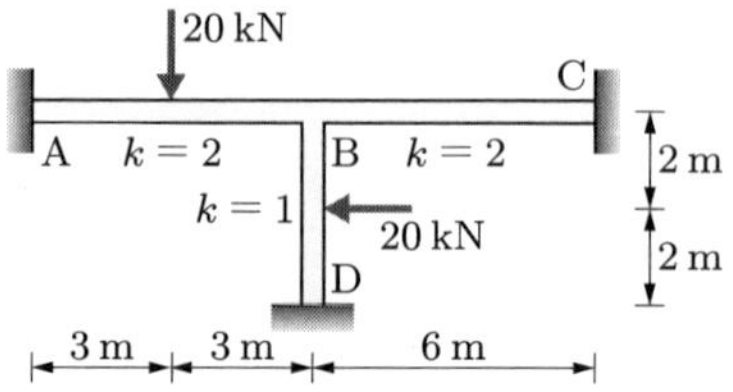

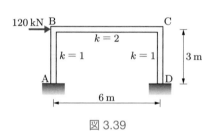

図 3.37

(3)

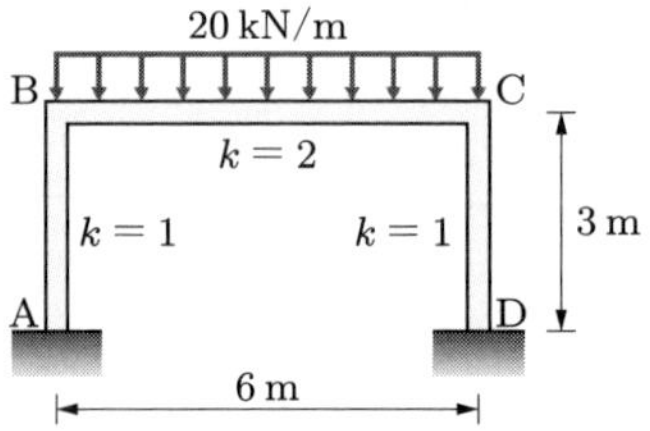

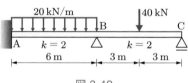

図 3.38

(4)

図 3.39

3.2 図 3.40〜3.44 に示す梁や骨組について，以下の設問に答えよ．

(1) 図 3.40 に示す梁の点 A の曲げモーメント M_A，および点 C の鉛直反力 V_C を求めよ．

図 3.40

(2) 図 3.41 の骨組において，各材の剛比は $k = 1$ で等しい．このとき，点 O と点 A におけるたわみ角の比率 θ_O/θ_A，および，点 B における曲げモーメント M_B を求めよ．

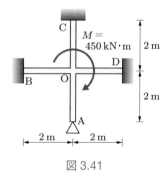

図 3.41

(3) 図 3.42 に示す骨組の曲げモーメント図における(a)〜(c)の値を求めよ．

(4) 図 3.43 に示す骨組の点 D の水平反力 H_D，および点 B の水平変位 δ_B を求めよ．

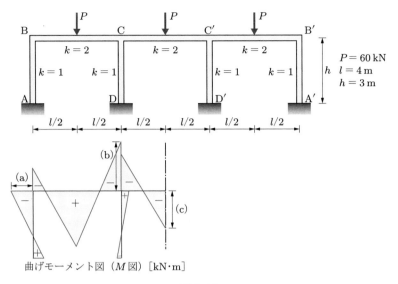

図 3.42

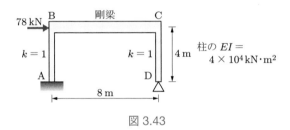

図 3.43

(5) 図 3.44 に示す骨組の材 CD のせん断力 Q_{CD}，および点 B の水平変位 δ_B を求めよ．

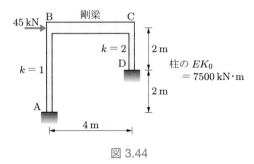

図 3.44

第4章

固定法

固定法（moment distribution method）とは，固定モーメント法ともよばれ，不静定次数の高い骨組についても，連立方程式を立てることなく，部材の曲げモーメントを求めることができる解析手法である．未知数を意識することなく繰り返し計算を行うことで，材端モーメントの正解値に迫ることができるユニークな手法である．ただし，節点が移動して部材角が生じる状況は考慮することができない，近似的な解法であるため，厳密解との間に誤差が生じる，という欠点に注意が必要である．

4.1 ▶ 固定法のコンセプトと解き方

■4.1.1 分割モーメントと到達モーメント

図 4.1(a) に示す L 形骨組について曲げモーメント分布を考える．まず，図(b)のように，外力による変形で回転することが予測される点 B を固定した状態をイメージする．この状態での曲げモーメント図を図(b)の下に示す．両端固定の材 BC の端部では，3.1.3 項で示した固定端モーメント（fixed-end moment の頭文字をとって Fem とよぶ）C_{BC} が生じ，外力の作用しない材 AB の端部の曲げモーメントは 0 となる．

よって，点 B では曲げモーメントが不釣り合い状態となっており，釣り合うためには，$-C_{BC}$ のモーメントを点 B に作用させることが必要である．これを節点での不釣り合いモーメント（または，開放モーメント）とよび，記号 $\overline{M}$ で表す．この $\overline{M}$（$=-C_{BC}$）を点 B に作用させるのが図 4.1(c) の状態である．この図(c)と図(b)の曲げモーメント図を重ね合わせれば，元の図(a)の曲げモーメント分布を求めることができる．

ここで，図(c)について，たわみ角法の基本式である式(3.16c)を適用する．

$\phi_A = \phi_C = 0$，$\psi_{AB} = \psi_{CD} = 0$，$C_{AB} = C_{BA} = 0$，$C_{BC} = C_{CB} = 0$ だから，つぎのようになる．

▶ 材 AB：

$$M'_{AB} = k_1(2\phi_A + \phi_B + \psi_{AB}) + C_{AB} = k_1\phi_B \tag{4.1}$$

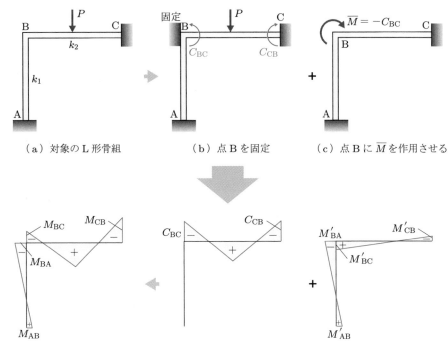

(a) 対象のL形骨組　　　（b）点Bを固定　　　（c）点Bに $\overline{M}$ を作用させる

状態 (a) の曲げモーメント図　　状態 (b) の曲げモーメント図　　状態 (c) の曲げモーメント図

図 4.1　固定法のコンセプト

$$M'_{\mathrm{BA}} = k_1(2\phi_\mathrm{B} + \phi_\mathrm{A} + \psi_{\mathrm{AB}}) + C_{\mathrm{BA}} = 2k_1\phi_\mathrm{B} \tag{4.2}$$

▶ 材 BC：

$$M'_{\mathrm{BC}} = k_2(2\phi_\mathrm{B} + \phi_\mathrm{C} + \psi_{\mathrm{BC}}) + C_{\mathrm{BC}} = 2k_2\phi_\mathrm{B} \tag{4.3}$$

$$M'_{\mathrm{CB}} = k_2(2\phi_\mathrm{C} + \phi_\mathrm{B} + \psi_{\mathrm{BC}}) + C_{\mathrm{CB}} = k_2\phi_\mathrm{B} \tag{4.4}$$

点 B における節点方程式 $M''_{\mathrm{BA}} + M''_{\mathrm{BC}} = \overline{M}$ に式(4.2)，(4.3)を代入して，整理すると，

$$2k_1\phi_\mathrm{B} + 2k_2\phi_\mathrm{B} = \overline{M} \quad \rightarrow \quad \phi_\mathrm{B} = \frac{1}{2} \times \frac{\overline{M}}{k_1 + k_2} \tag{4.5}$$

となる．よって，点 B における各材の曲げモーメントは，式(4.5)を式(4.2)，(4.3)に代入することで以下となる．この値は $\overline{M}$ を剛比に応じて分け合うことから**分割モーメント**（distributed moment）とよび，記号 D で表す．

分割モーメント D
$$M'_{BA} = \frac{k_1}{k_1 + k_2}\overline{M} \tag{4.6}$$

$$M'_{BC} = \frac{k_2}{k_1 + k_2}\overline{M} \tag{4.7}$$

このとき，$k_i / \sum k$（式中の波線部分）を**分割率**（distributed factor）とよび，記号 Df で表す．

一方，各固定端の曲げモーメントは，式(4.5)を式(4.1)，(4.4)に代入することで以下となる．この値は分割モーメントが他端に伝わることから**到達モーメント**（carry-over moment）とよび，記号 C で表す．

到達モーメント C
$$M'_{AB} = \frac{1}{2}\frac{k_1}{k_1 + k_2}\overline{M} = \frac{1}{2}M'_{BA} \tag{4.8}$$

$$M'_{CB} = \frac{1}{2}\frac{k_2}{k_1 + k_2}\overline{M} = \frac{1}{2}M'_{BC} \tag{4.9}$$

このように，他端の節点が剛接合であれば，分割モーメントの $1/2$ が他端に伝わることとなり，この $1/2$（式中の波線部分）を**到達率**とよぶ．なお，ピン接合の場合は，到達率は 0 であり，分割率についても別に検討する必要がある（詳しくは 4.2.1 項参照）．

例題 4.1　図 4.2 に示す T 形骨組の点 B について，分割率 Df を求めよ．

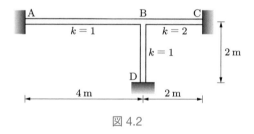

図 4.2

解 答　複数の部材が接する点 B について考える（点 A，C，D は部材が 1 本のみなので検討不要）．

▶ 点 B：

材 AB：$k = 1$
材 BC：$k = 2$
材 BD：$k = 1$
$\left.\right\}$ $\displaystyle\sum k = 1 + 2 + 1 = 4$

BA（材 AB の B 端）の Df $= \dfrac{k_i}{\sum k} = \dfrac{1}{4} = 0.25$

BC（材 BC の B 端）の Df $= \dfrac{k_i}{\sum k} = \dfrac{2}{4} = 0.50$

BD（材 BD の B 端）の Df $= \dfrac{k_i}{\sum k} = \dfrac{1}{4} = 0.25$

例題 4.2　図 4.3 に示す連続梁について，分割率 Df を求めよ．

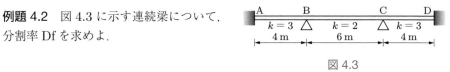

図 4.3

- -

解答　点 B と点 C について考える．

▷ 点 B：

材 AB：$k = 3$
材 BC：$k = 2$ ⎫ $\sum k = 3 + 2 = 5$

BA の Df $= \dfrac{3}{5} = 0.6$

BC の Df $= \dfrac{2}{5} = 0.4$

> 節点ごとに，Df の総和は 1 となる

▷ 点 C

材 BC：$k = 2$
材 CD：$k = 3$ ⎫ $\sum k = 2 + 3 = 5$

CB の Df $= \dfrac{2}{5} = 0.4$

CD の Df $= \dfrac{3}{5} = 0.6$

例題 4.3　図 4.4 のモーメント荷重が作用する L 形骨組について，分割モーメントと到達モーメントを求め，曲げモーメントを求めよ．

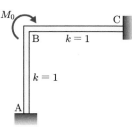

図 4.4

解答 点Bについて，材BAと材BCの剛比が等しいので，Dfはいずれも $1/2$ $= 0.5$ となり，モーメント荷重 M_0 が不釣り合いモーメント $\overline{M}$ となる．したがって，モーメント荷重 M_0 を材BAと材BCで半分ずつ負担する．

$$\text{分割モーメント } M_{BA} = M_{BC} = \frac{1}{2}\overline{M} = \frac{1}{2}M_0$$

各材とも他端は固定なので，到達率は $1/2$ である．

$$\text{到達モーメント } M_{AB} = M_{CB} = \frac{1}{2} \times \frac{1}{2}M_0 = \frac{1}{4}M_0$$

以上より，材ごとに分離して材端の曲げモーメントを示すと，図4.5(a)のようになる．したがって，骨組の曲げモーメント図（M図）は図(b)となる．

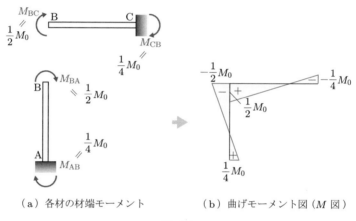

（a）各材の材端モーメント　　　（b）曲げモーメント図（M図）

図4.5

■4.1.2　図を利用して解く手順

　図を利用した固定法の解き方を以下の各例題で説明する．例題4.4，4.5に示すように，回転する節点が一つだけの場合には，問題は簡単に解くことができる．一方，回転する節点が複数ある場合には，例題4.6に示すように，収束計算を繰り返す必要がある．

例題 4.4　図 4.6 の L 形骨組について，固定法を用いて曲げモーメントを求めよ．

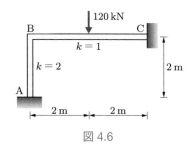

図 4.6

解 答　骨組は図 4.7 のように変形する．点 B は回転するが移動しない．

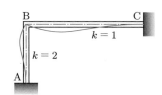

図 4.7　骨組の変形性状

手順 1　節点ごとに部材用の枠を描く．本例題の場合を図 4.8(a) に示す．各節点に上下の柱と左右の梁が存在する場合を考え，四つの枠を設けることが基本であるが，部材がない箇所の枠は省略してもよい．

▶ 節点ごとに各材の Df（分割率）を以下の式で求める．

$$\mathrm{Df} = \frac{k_i}{\sum k}$$

本例題では以下のようになり，計算結果を図 4.8(a) の Df 欄に記入する．

点 B の Df：$\sum k = 2 + 1 = 3$ なので，つぎのようになる．

$$\mathrm{BA} \ \text{の} \ \mathrm{Df} = \frac{2}{3} = 0.667, \qquad \mathrm{BC} \ \text{の} \ \mathrm{Df} = \frac{1}{3} = 0.333$$

点 A，C は材が 1 本なので，計算する必要はない．

▶ 各材端の Fem（固定端モーメント）を求める．

本例題では以下のようになり，計算結果を図 4.8(a) の Fem 欄に記入する．

材 BC の Fem（3.1.3 項参照）：

$$C_{\mathrm{BC}} = -\frac{Pl}{8} = -\frac{120 \times 4}{8} = -60\,\mathrm{kN \cdot m}, \qquad C_{\mathrm{CB}} = \frac{Pl}{8} = \frac{120 \times 4}{8} = 60\,\mathrm{kN \cdot m}$$

材 AB は外力がないので，$C_{\mathrm{AB}} = C_{\mathrm{BA}} = 0$ となる．

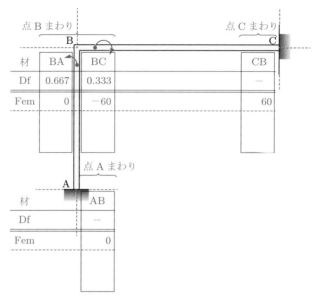

図4.8　(a) 手順1

手順2 ▶節点ごとに Fem から $\overline{M}$（不釣り合いモーメント）を以下の式で求める.

$$\overline{M} = 節点での Fem の総和 \times (-1)$$

本例題で点Bの $\overline{M}$ は以下となり，図4.8(b)に示すように記入する．点A，Cは部材が1本のみなので検討する必要はない.

$$\overline{M} = \{0 + (-60)\} \times (-1) = 60$$

材	BA	BC	$\overline{M}$	CB
Df	0.667	0.333		—
Fem	0	−60	60	60

和 ×(−1)

図4.8　(b) 手順2

手順3 ▶節点ごとに各材端のD（分割モーメント）を以下の式で求める.

$$D = \overline{M} \times Df$$

本例題では以下の計算となり，図4.8(c)に示すように記入する．図中に $\overline{M}$ とDの関係を矢印で示す.

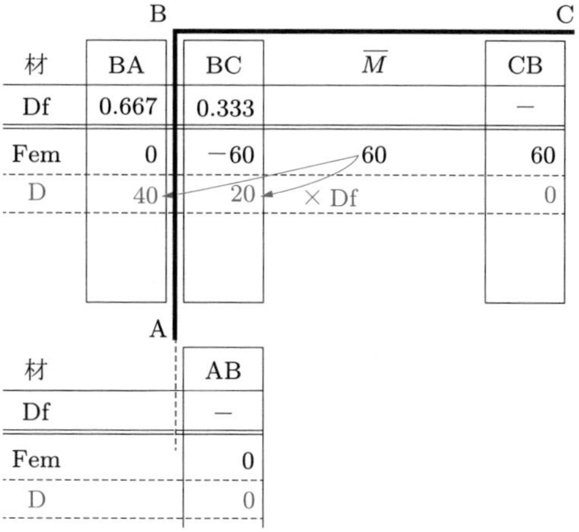

材	BA	BC	$\overline{M}$	CB
Df	0.667	0.333		—
Fem	0	−60	60	60
D	40	20	× Df	0

材	AB
Df	—
Fem	0
D	0

図 4.8　(c) 手順 3

$$\text{BA} : 60 \times 0.667 = 40$$

$$\text{BC} : 60 \times 0.333 = 20$$

AB と CB は $\overline{M}$ がないので 0.

手順 4 ▶ 各材ごとに D を他端に C（到達モーメント）として伝える.

$$\text{C} = \text{D} \times \frac{1}{2} \quad (\text{※剛接合の場合})$$

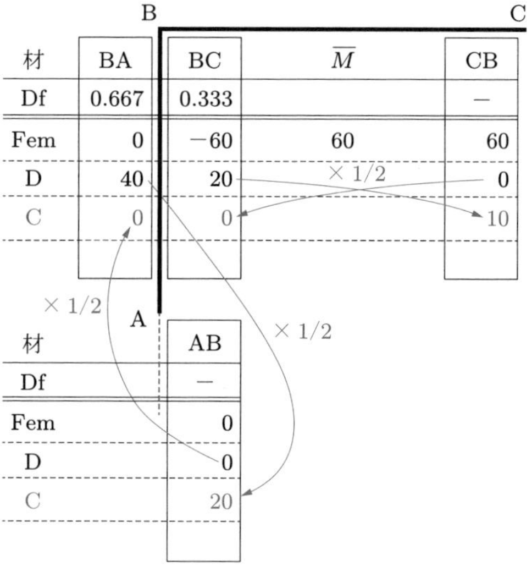

材	BA	BC	$\overline{M}$	CB
Df	0.667	0.333		—
Fem	0	−60	60	60
D	40	20	× 1/2	0
C	0	0		10

材	AB
Df	—
Fem	0
D	0
C	20

図 4.8　(d) 手順 4

本例題では以下の計算となり，図 4.8(d)に示すように記入する．対応する D と C の関係を図中に矢印で示す．

$$\text{BA}：[\text{AB の D}] = 0 \quad \rightarrow \quad 0 \times \frac{1}{2} = 0$$

$$\text{BC}：[\text{CB の D}] = 0 \quad \rightarrow \quad 0 \times \frac{1}{2} = 0$$

$$\text{CB}：[\text{BC の D}] = 20 \quad \rightarrow \quad 20 \times \frac{1}{2} = 10$$

$$\text{AB}：[\text{BA の D}] = 40 \quad \rightarrow \quad 40 \times \frac{1}{2} = 20$$

手順 5 ▶ 節点ごとに C から $\overline{M}$ を以下の式で求める．

$$\overline{M} = 節点での C の総和 \times (-1)$$

$\overline{M} \neq 0$ ならば，$\overline{M} \fallingdotseq 0$ となるまで手順 3〜5 を繰り返す．

本例題で点 B の $\overline{M}$ は以下の計算のように 0 となり，図 4.8(e)に示すように記入する．

$$\overline{M} = (0 + 0) \times (-1) = 0$$

よって，不釣り合いモーメントがなく，繰り返し計算は不要になる．

材	BA	BC	$\overline{M}$	CB
Df	0.667	0.333		−
Fem	0	−60	60	60
D	40	20		0
C	0	0	0	10

和 $\times (-1)$ **OK**

図 4.8　(e) 手順 5

手順 6 ▶ 各材端の曲げモーメント（M）を以下の式で計算する．なお，本式は C に関する不釣り合いモーメント（$\overline{M}$）を 0 とするため，繰り返し計算を行うことを考慮した式となっている．

$$M = \text{Fem} + \text{D}_{1\,回目} + \text{C}_{1\,回目} + \text{D}_{2\,回目} + \text{C}_{2\,回目} + \text{D}_{3\,回目} + \text{C}_{3\,回目} + \cdots$$

本例題では，手順 5 に示したように，1 回目の計算で $\overline{M}$ は 0 となる．したがって，1 回で計算を打止めて，図 4.8(f)に示すように Fem，D，C を総和して，各材の材端モーメントを計算し，図中の $\sum$ 欄に記入する．各材の計算は以下となる．

		B			C
材	BA	BC	$\overline{M}$		CB
Df	0.667	0.333			−
Fem	0	−60	60		60
D	40	20			0
C	0	0	0		10
$\sum$	40	−40	OK		70

A

材	AB
Df	−
Fem	0
D	0
C	20
$\sum$	20

図 4.8 （f）手順 6

$\mathrm{BA}: 0 + 40 + 0 = 40\,\mathrm{kN \cdot m}$

$\mathrm{BC}: -60 + 20 + 0 = -40\,\mathrm{kN \cdot m}$

$\mathrm{CB}: 60 + 0 + 10 = 70\,\mathrm{kN \cdot m}$

$\mathrm{AB}: 0 + 0 + 20 = 20\,\mathrm{kN \cdot m}$

手順 7 ▶ 材端の曲げモーメントに基づき，骨組の曲げモーメント分布を求める．本例題の場合，材ごとに分離して材端の曲げモーメントを示すと，図 4.9(a) のとおりとなる．このとき，矢印の向きは，値が正ならば時計まわり，負ならば反時計ま

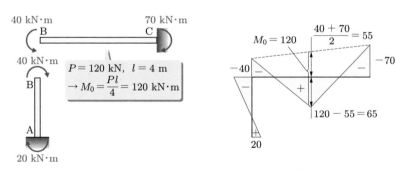

（a）各材の材端モーメントと M_0　　　（b）曲げモーメント図（M 図）〔kN·m〕

図 4.9

わりとしている．また，材 BC に作用する集中荷重による曲げモーメントの大きさ M_0（求め方と意味合いについては 3.1.3 項参照）を計算して図中に示す．

以上より，曲げモーメント図（M 図）は図 4.9(b) のとおりに求めることができる．集中荷重が作用する材 BC の中央位置での曲げモーメントの値は，M_0 と両端の曲げモーメントの平均値から図のように計算できる（詳しくは，例題 3.6 参照）．

例題 4.5 図 4.10 の連続梁について，固定法を用いて曲げモーメントを求めよ．

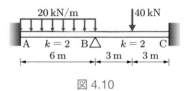

図 4.10

解答 まず，点 B の Df と材 AB および材 BC の Fem を求める．つぎに，図 4.11 を作成して数値を順に記入し，材端モーメントを算出する．なお，図中の ▲ の中の数字は，例題 4.4 中の手順の番号を表す．

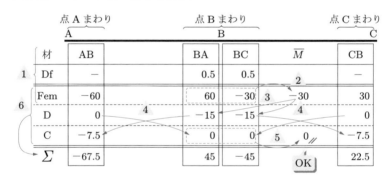

	材	AB		BA	BC	$\overline{M}$	CB
1	Df	−		0.5	0.5		−
	Fem	−60		60	−30	−30	30
6	D	0		−15	−15		0
	C	−7.5		0	0	0	−7.5
	$\sum$	−67.5		45	−45		22.5

図 4.11 計算用の図

▶ 点 B の Df：

$$\sum k = 2 + 2 = 4, \qquad \text{BA} : \frac{2}{4} = 0.5, \qquad \text{BC} : \frac{2}{4} = 0.5$$

▶ 材 AB の Fem：

$$C_{\text{AB}} = -\frac{wl^2}{12} = -\frac{20 \times 6^2}{12} = -60 \,\text{kN·m}$$

$$C_{\text{BA}} = \frac{wl^2}{12} = \frac{20 \times 6^2}{12} = 60 \,\text{kN·m}$$

▶ 材 BC の Fem：

$$C_{BC} = -\frac{Pl}{8} = -\frac{40 \times 6}{8} = -30\,\text{kN·m}, \qquad C_{CB} = \frac{Pl}{8} = \frac{40 \times 6}{8} = 30\,\text{kN·m}$$

各材の M_0 を考えると，曲げモーメント図（M 図）は図 4.12 に示すとおりとなる．

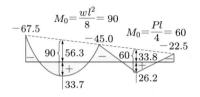

図 4.12　曲げモーメント図（M 図）[kN·m]

例題 4.6　図 4.13 の連続梁について，固定法を用いて曲げモーメントを求めよ．

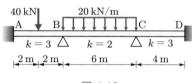

図 4.13

- -

解答　まず，点 B および点 C の Df と，材 AB および材 BC の Fem を求める．

▶ 点 B の Df：

$$\sum k = 3 + 2 = 5, \qquad \text{BA}:\frac{3}{5} = 0.6, \qquad \text{BC}:\frac{2}{5} = 0.4$$

▶ 点 C の Df：

$$\sum k = 2 + 3 = 5, \qquad \text{CB}:\frac{2}{5} = 0.4, \qquad \text{CD}:\frac{3}{5} = 0.6$$

▶ 材 AB の Fem：

$$C_{AB} = -\frac{Pl}{8} = -\frac{40 \times 4}{8} = -20\,\text{kN·m}, \qquad C_{BA} = \frac{Pl}{8} = \frac{40 \times 4}{8} = 20\,\text{kN·m}$$

▶ 材 BC の Fem：

$$C_{BC} = -\frac{wl^2}{12} = -\frac{20 \times 6^2}{12} = -60\,\text{kN·m}$$

$$C_{CB} = \frac{wl^2}{12} = \frac{20 \times 6}{12} = 60\,\text{kN·m}$$

つぎに，図 4.14 を作成して数値を順に記入する．この問題では，点 B と点 C が回転するため，1 回の計算では C1 に関する $\overline{M}$ が 0 にならない．そこで，この $\overline{M}$

について再び分配計算を行う．本例題では，計算を3回繰り返すと，点B，点Cともに $\overline{M}$ が最初の値より2桁小さくなる．ここで計算を打ち切り，材端モーメントを算出する．点Bで曲げモーメントは釣り合うので，正解ではBAとBCの絶対値は等しくなるが，途中で打ち切ったために，わずかに異なる値となる．そこで，絶対値の平均をとって材端モーメントに採用する．点Cも同様である．

	材	AB	BA	BC	$\overline{M}$	CB	CD	$\overline{M}$	DC
1	Df	−	0.6	0.4	2	0.4	0.6	2	−
	Fem	−20	20	−60	40	60	0	−60	0
3	D1	0	24	16		−24	−36		0
4	C1	12	0	−12	5　12	8	0	5　−8	−18
3	D2	0	7.2	4.8		−3.2	−4.8		0
4	C2	3.6	0	−1.6	5　1.6	2.4	0	5　−2.4	−2.4
3	D3	0	0.96	0.64		−0.96	−1.44		0
4	C3	0.48	0	−0.48	5　0.48	0.32	0	5　−0.32	−0.72
3	D4	0	0.29	0.19		−0.13	−0.19		0
4	C4	0.15	0	−0.07	5　0.07	0.10	0	5　−0.10	−0.10
	D5	…	…	…		…	…		…
	…	…	…	…		…	…		…
6	Σ	−3.92	52.16	−52.64		42.56	−42.24		−21.12
		−3.9	52.4	−52.4		42.4	−42.4		−21.1

点Aまわり　点Bまわり　点Cまわり　点Dまわり
A　B　C　D

(52.40) 絶対値の平均　(42.40) 絶対値の平均

$\overline{M}$ が元より2桁小さい
打ち切り
含めれば精度向上

図4.14　計算用の図

　曲げモーメント図（M 図）を図4.15に示す．たわみ角法を用いて例題3.8で求めた精解値を図中の（　）内に付記する．固定法の結果は近似値ではあるが，3回の繰り返しで十分な精度を得られていることが確認できる．

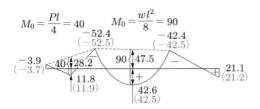

$$M_0 = \frac{Pl}{4} = 40 \quad M_0 = \frac{wl^2}{8} = 90$$

−52.4
(−52.5)
−42.4
(−42.5)
−3.9
(−3.7)　40　28.2　90　47.5　21.1
(21.2)
11.8
(11.9)
42.6
(42.5)

図4.15　曲げモーメント図（M 図）[kN·m]

4.2 ▶ 特殊な骨組への適用

■4.2.1 ピン節点がある骨組

ピン節点がある骨組の例を図 4.16(a) に示す．この骨組の材 BC の C 端がピンの場合について，たわみ角法を適用すると以下となる．

C 端で材端モーメント M_{BC} が 0 となることから

$$M_{CB} = k_2(2\phi_C + \phi_B) + C_{CB} = 0 \quad \rightarrow \quad \phi_C = \frac{1}{2}\left(-\frac{C_{CB}}{k_2} - \phi_B\right)$$

この ϕ_C を代入すると，B 端の材端モーメント M_{BC} はつぎのようになる．

$$M_{BC} = k_2(2\phi_B + \phi_C) + C_{BC} = k_2\left(\frac{3}{2}\phi_B - \frac{C_{CB}}{2k_2}\right) + C_{BC}$$

$$= \underbrace{\frac{3}{4}k_2}_{k_e}(2\phi_B) + \underbrace{C_{BC} - \frac{C_{CB}}{2}}_{H_{BC}}$$

このように，材 BC の C 端がピンの場合，B 端の剛比は k_0 から $(3/4)k_0$ に，固定端モーメントは C_{BC} から $(C_{BC} - C_{CB}/2)$ に変化する．

以上の関係は一般的に成立することから，片側ピンの場合の剛比 k_e と固定端モーメント H_{ij} は以下のように表すことができる．ここで，k_i と C_{ij} は両端固定条件の材 ij の剛比と固定端モーメントを表す．なお，k_e を**有効剛比**とよぶ．

有効剛比　　$k_e = \dfrac{3}{4}k_i$ $\hfill (4.10)$

固定端モーメント　　$H_{ij} = C_{ij} - \dfrac{C_{ji}}{2}$ $\hfill (4.11)$

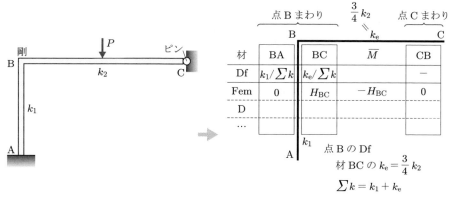

（a）ピン節点がある骨組　　　　　（b）計算用の図

図 4.16　ピン節点がある骨組における固定法の適用

この骨組に固定法を適用する場合，図 4.16(b)に示すように，片側ピンである材 BC の有効剛比 k_e を考え，BC 端の Fem に H_{BC} を用い，CB 端の Fem を 0 として，以降は手順のとおりに計算することができる．このとき，ピン節点への到達率は 0 であり，到達モーメントは考えない．

例題4.7 図 4.17 に示すピン節点がある骨組について，固定法を用いて曲げモーメントを求めよ．

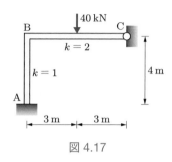

図 4.17

解答 材 BC は一端がピンであるので，k_e と H_{BC} を考える．

▶ 点 B の Df：

$$\text{材 BC の } k_e = \frac{3}{4} \times 2 = \frac{3}{2}, \qquad \sum k = 1 + \frac{3}{2} = \frac{5}{2}$$

$$\text{BA の Df} = \frac{1}{5/2} = 0.4, \qquad \text{BC の Df} = \frac{3/2}{5/2} = 0.6$$

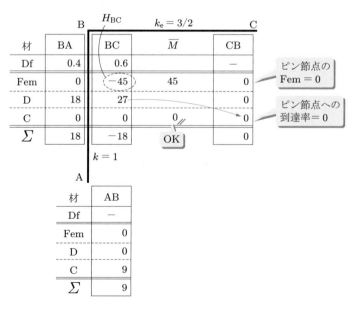

図 4.18 計算用の図

▶ 材 BC の Fem：

$$C_{\mathrm{BC}} = -\frac{Pl}{8} = -\frac{40 \times 6}{8} = -30\,\mathrm{kN \cdot m}, \qquad C_{\mathrm{CB}} = \frac{Pl}{8} = \frac{40 \times 6}{8} = 30\,\mathrm{kN \cdot m}$$

$$H_{\mathrm{BC}} = C_{\mathrm{BC}} - \frac{C_{\mathrm{CB}}}{2} = -30 - \frac{30}{2} = -45\,\mathrm{kN \cdot m}$$

つぎに，図 4.18 を作成して数値を順に記入する．このとき，ピン節点である点 C に到達モーメント（C）は伝わらない．

よって，曲げモーメント図（M 図）は図 4.19 に示すとおりとなる．

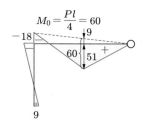

図 4.19 曲げモーメント図（M 図）[kN·m]

例題 4.8 図 4.20 に示すピン支持された連続梁について，固定法を用いて曲げモーメントを求めよ．

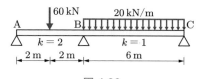

図 4.20

解答 材 AB，材 BC ともに一端がピンであるので，k_{e} と H_{BC} を考える．

▶ 点 B の Df：

$$\text{材 AB の } k_{\mathrm{e}} = \frac{3}{4} \times 2 = \frac{3}{2}, \qquad \text{材 BC の } k_{\mathrm{e}} = \frac{3}{4} \times 1 = \frac{3}{4}$$

$$\sum k = \frac{3}{2} + \frac{3}{4} = \frac{9}{4}$$

$$\text{BA の Df} = \frac{3/2}{9/4} = 0.667, \qquad \text{BC の Df} = \frac{3/4}{9/4} = 0.333$$

▶ 材 AB の Fem：

$$C_{\mathrm{AB}} = -\frac{Pl}{8} = -\frac{60 \times 4}{8} = -30\,\mathrm{kN \cdot m}, \qquad C_{\mathrm{BA}} = \frac{Pl}{8} = \frac{60 \times 4}{8} = 30\,\mathrm{kN \cdot m}$$

$$H_{\mathrm{BA}} = 30 - \frac{-30}{2} = 45\,\mathrm{kN \cdot m}$$

▶ 材 BC の Fem：

$$C_{BC} = -\frac{wl^2}{12} = -\frac{20 \times 6^2}{12} = -60\,\text{kN·m}$$

$$C_{CB} = \frac{wl^2}{12} = \frac{20 \times 6^2}{12} = 60\,\text{kN·m}$$

$$H_{BC} = -60 - \frac{60}{2} = -90\,\text{kN·m}$$

つぎに，図 4.21 を作成して数値を順に記入する．

よって，曲げモーメント図（M 図）は図 4.22 のようになる．

	A	$k_e = 3/2$	B		$k_e = 3/4$	C
材	AB		BA	BC	$\overline{M}$	CB
Df	−		0.667	0.333		−
Fem	0		45	−90	45	0
D	0		30	15		0
C	0		0	0	0	0
Σ	0		75	−75	OK	0

図 4.21　計算用の図

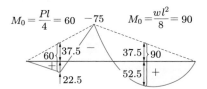

$$M_0 = \frac{Pl}{4} = 60 \quad -75 \qquad M_0 = \frac{wl^2}{8} = 90$$

図 4.22　曲げモーメント図（M 図）[kN·m]

■4.2.2　変形が対称である骨組

図 4.23(a) に示す骨組は，図 (b) のように変形が対称（3.4.2 項を参照）となる．この骨組の材 BC について，たわみ角法を適用すると以下となる．

▶ 材 BC：$\theta_C = -\theta_B$ 　→　$\phi_C = -\phi_B$，　　$C_{CB} = -C_{BC}$

$$M_{BC} = k_2(2\phi_B + \phi_C) + C_{BC} = k_2(2\phi_B - \phi_B) + C_{BC} = \underbrace{\frac{1}{2}k_2}_{k_e}(2\phi_B) + C_{BC}$$

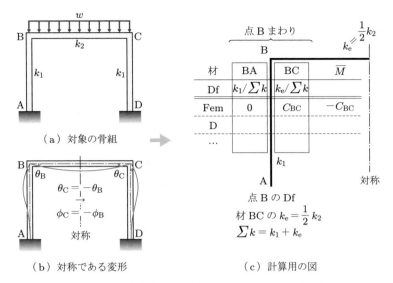

図 4.23 対称変形する骨組における固定法の適用

$$M_{CB} = k_2(2\phi_C + \phi_B) + C_{CB} = k_2(-2\phi_B + \phi_B) + (-C_{BC})$$

$$= \underbrace{-\frac{1}{2}k_2}_{k_e}(2\phi_B) - C_{BC} = -M_{BC}$$

このように骨組が対称に変形する場合，有効剛比 k_e を以下のように考え，図 4.23(c) に示すように，対称軸から片側のみを考えて解くことができる．

有効剛比 $\quad k_e = \dfrac{1}{2}k_i$ \hfill (4.12)

なお，対称性を利用せず，通常の固定法の手順で解くことも可能である．ただし，未知数が増えるため，繰り返し計算を行う必要があり，手間を要する．

例題 4.9 図 4.24 の門形骨組について，固定法を用いて曲げモーメントを求めよ．

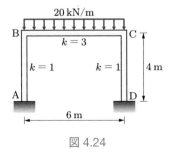

図 4.24

解 答　骨組の変形は図 4.25 のように対称となる．そこで，対称性を利用して k_e を考え，対称軸から左半分の図 4.26 を作成して数値を順に記入し，材端モーメントを算出する．このとき，梁の C 端との伝達は考えなくてよい．

B
C
θ_B
θ_C
$\theta_C = -\theta_B$
A
D
対称

図 4.25　対称な変形性状

B
$k_e = 3/2$
他端との
伝達なし
OK
対称
$k = 1$
A

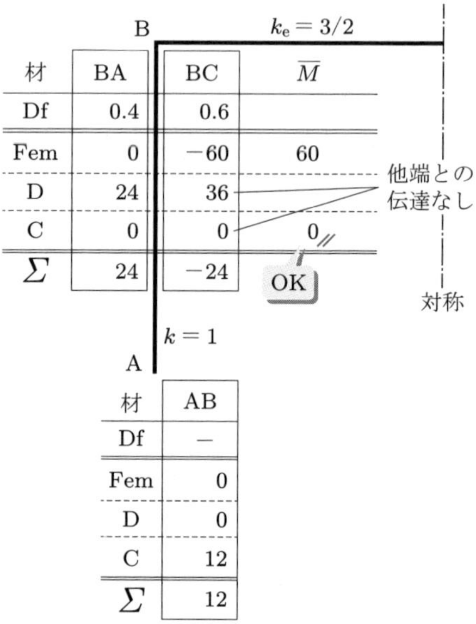

材	BA	BC	$\overline{M}$
Df	0.4	0.6	
Fem	0	−60	60
D	24	36	
C	0	0	0
Σ	24	−24	

材	AB
Df	−
Fem	0
D	0
C	12
Σ	12

図 4.26　計算用の図

▶ 点 B の Df：

$$材\ BC\ の\ k_e = \frac{1}{2} \times 3 = \frac{3}{2}, \qquad \sum k = 1 + \frac{3}{2} = \frac{5}{2}$$

$$BA\ の\ Df = \frac{1}{5/2} = 0.4, \qquad BC\ の\ Df = \frac{3/2}{5/2} = 0.6$$

▶ 材 BC の点 B の Fem：

$$C_{BC} = -\frac{wl^2}{12} = -\frac{20 \times 6^2}{12} = -60\,\mathrm{kN{\cdot}m}$$

−24
−
+
66
$M_0 = \frac{wl^2}{8} = 90$
+
12
対称

図 4.27　曲げモーメント図（M 図）[kN·m]

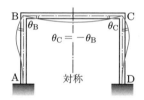

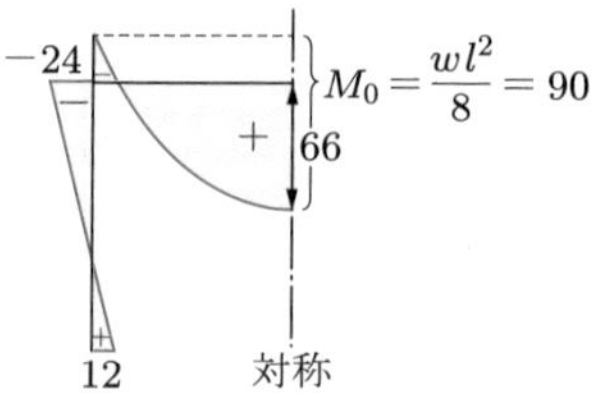

　曲げモーメント図（M 図）を図 4.27 に示す．変形と同様に曲げモーメント分布も対称となることから，対称軸から左半分のみを描いている．

例題 4.10　図 4.28 に示す跳出しのある骨組について，固定法を用いて曲げモーメントを求めよ．

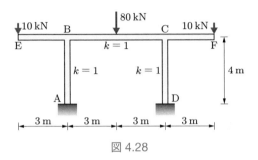

図 4.28

解答　骨組の変形は図 4.29 のように対称であり，k_e を考えて，対称軸から左半分の図を作成する．張り出し部分は片持ち梁と考え，剛接部での Fem のみを考慮すればよい．

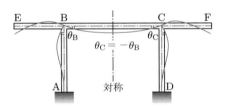

図 4.29　対称な変形性状

▶ 点 B の Df：

$$\text{材 BC の } k_e = \frac{1}{2} \times 1 = \frac{1}{2}, \qquad \sum k = 1 + \frac{1}{2} = \frac{3}{2}$$

（片持ち梁の材 EB は含めない）

$$\text{BA の Df} = \frac{1}{3/2} = 0.667, \qquad \text{BC の Df} = \frac{1/2}{3/2} = 0.333$$

▶ 材 BE の Fem：

$$M_{\text{BE}} = 10 \times 3 = 30 \,\text{kN·m}$$

（自由端で $M_{\text{EB}} = 0$）

▶ 材 BC の点 B の Fem：

$$C_{\mathrm{BC}} = -\frac{Pl}{8} = -\frac{80 \times 6}{8} = -60\,\mathrm{kN\cdot m}$$

対称軸から左半分の曲げモーメント図（M 図）を図 4.31 に示す.

片持ち梁は
Fem のみ

B　　　$k_e = 1/2$

材	BE	BA	BC	$\overline{M}$
Df	—	0.667	0.336	
Fem	30	0	−60	30
D	—	20	10	
C	—	0	0	0
Σ	30	20	−50	OK

対称

$k = 1$

A

材	AB
Df	—
Fem	0
D	0
C	10
Σ	10

図 4.30　計算用の図

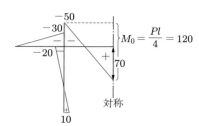

$$M_0 = \frac{Pl}{4} = 120$$

図 4.31　曲げモーメント図（M 図）
　　　　　[kN·m]

■4.2.3　変形が逆対称である骨組

図 4.32(a)の梁は，外力を受けて図(b)のように逆対称の変形（3.4.4 項参照）を生じる．この梁の材 BC について，たわみ角法を適用すると以下となる.

▶ 材 BC：$\theta_{\mathrm{C}} = \theta_{\mathrm{B}}$　→　$\phi_{\mathrm{C}} = \phi_{\mathrm{B}}$,　$C_{\mathrm{CB}} = C_{\mathrm{BC}} = 0$

$$M_{\mathrm{BC}} = k_2(\phi_{\mathrm{B}} + \phi_{\mathrm{C}}) + C_{\mathrm{BC}} = k_2(2\phi_{\mathrm{B}} + \phi_{\mathrm{B}}) = \underbrace{\frac{3}{2}k_2}_{k_e}(2\phi_{\mathrm{B}})$$

$$M_{\mathrm{CB}} = k_2(2\phi_{\mathrm{C}} + \phi_{\mathrm{B}}) + C_{\mathrm{CB}} = k_2(2\phi_{\mathrm{B}} + \phi_{\mathrm{B}}) = \underbrace{\frac{3}{2}k_2}_{k_e}(2\phi_{\mathrm{B}}) = M_{\mathrm{BC}}$$

このように骨組が逆対称に変形する場合，有効剛比 k_e を以下のように考え，図 4.32(c)

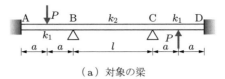

（a）対象の梁

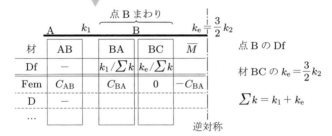

（b）逆対称である変形性状

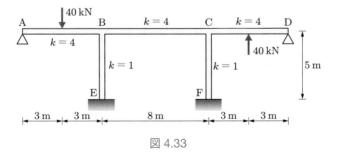

（c）計算用の図

図 4.32　逆対称変形となる梁における固定法の適用

に示すように，逆対称軸から片側のみを考えて解くことができる．

$$有効剛比 \qquad k_e = \frac{3}{2} k_i \tag{4.13}$$

なお，逆対称性を利用せず，通常の固定法の手順で解くことも可能であるが，未知数が増えて，繰り返し計算を行う必要が生じて煩雑となる．

例題 4.11　図 4.33 に示す骨組について，固定法を用いて曲げモーメントを求めよ．

図 4.33

解答 変形は図 4.34 のように逆対称となり，対称軸から左半分の図 4.35 を作成する．点 A はピン支持で，BC 材は逆対称で半分のみ考えており，それぞれの有効剛比 k_e を用いる．

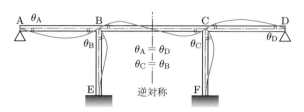

図 4.34 逆対称である変形性状

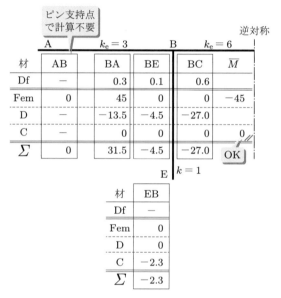

材	AB	BA	BE	BC	$\overline{M}$
Df	−	0.3	0.1	0.6	
Fem	0	45	0	0	−45
D	−	−13.5	−4.5	−27.0	
C	−	0	0	0	0
Σ	0	31.5	−4.5	−27.0	

材	EB
Df	−
Fem	0
D	0
C	−2.3
Σ	−2.3

図 4.35 計算用の図

▶ 点 B の Df：

$$\text{材 BA の } k_e = \frac{3}{4} \times 4 = 3, \qquad \text{材 BC の } k_e = \frac{3}{2} \times 4 = 6$$

$$\sum k = 3 + 6 + 1 = 10$$

$$\text{BA の Df} = \frac{3}{10} = 0.3, \qquad \text{BC の Df} = \frac{6}{10} = 0.6$$

$$\text{BE の Df} = \frac{1}{10} = 0.1$$

▶ ピン支持のある材 BA の Fem：

$$C_{AB} = -\frac{Pl}{8} = -\frac{40 \times 6}{8} = -30, \qquad C_{BA} = \frac{Pl}{8} = \frac{40 \times 6}{8} = 30\,\text{kN·m}$$

$$H_{BA} = C_{BA} - \frac{C_{AB}}{2} = 30 - \frac{-30}{2} = 45\,\text{kN·m}$$

対称軸から左半分の曲げモーメント図（M 図）を図 4.36 に示す．

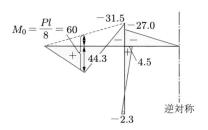

$$M_0 = \frac{Pl}{8} = 60$$

図 4.36　曲げモーメント図（M 図）[kN·m]

演習問題 ▶

4.1　以下の問いに記号で答えよ．

（1）図 4.37 の載荷状態に対してもっとも適切な曲げモーメント図を選べ．

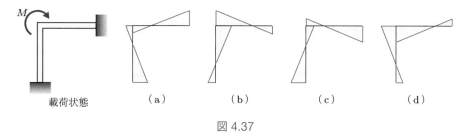

載荷状態　（a）　（b）　（c）　（d）

図 4.37

（2）図 4.38 の載荷状態に対してもっとも適切な曲げモーメント図を選べ．

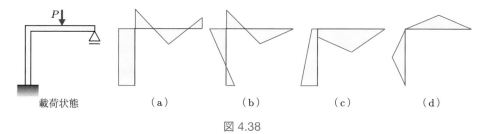

載荷状態　（a）　（b）　（c）　（d）

図 4.38

（3）図 4.39 の載荷状態に対してもっとも適切な曲げモーメント図を選べ.

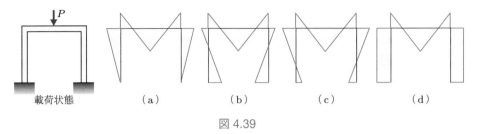

図 4.39

（4）図 4.40 の載荷状態に対してもっとも適切な変形性状を選べ.

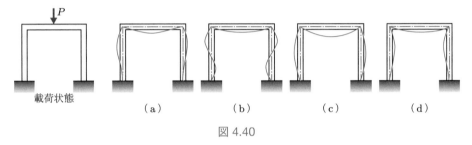

図 4.40

（5）図 4.41 の載荷状態に対してもっとも適切な変形性状を選べ.

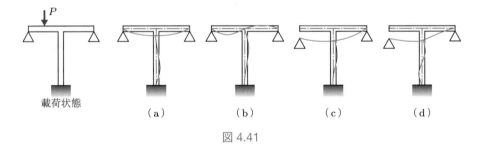

図 4.41

4.2 図 4.42〜4.45 の骨組について，固定法を用いて曲げモーメントを求めよ．

(1)

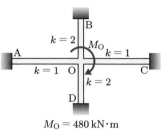

$M_O = 480\,\mathrm{kN\cdot m}$

図 4.42

(2)

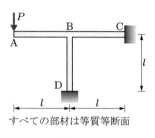

すべての部材は等質等断面

図 4.43

(3)

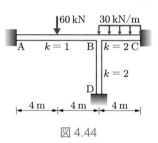

図 4.44

(4)

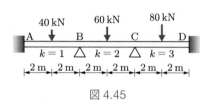

図 4.45

第5章

マトリクス解析

　ここまで，不静定構造物の解法として，部材応力や反力を未知数とする「応力法」と，節点変位や回転角を未知数とする「変位法」を学んできた．しかし，実際の構造物は不静定次数が非常に高いため，それらの方法で手計算によって解くことは現実的ではなく，一般的にはコンピュータを利用して計算する．

　本章で紹介する**マトリクス解析**（matrix analysis）は変位法に属する解法の一つであり，コンピュータで計算することにきわめて適した手法である．多くの汎用構造解析プログラムは，このマトリクス解析をベースとして構成されている．

　本章では，マトリクス解析の基本的な計算の流れを説明する．手計算で解くのには向いていない手法なので，演習問題は用意していないが，構造解析のプログラミングなどに取り組む際には必ず必要となる知識である．

　本章の内容を理解するには，マトリクス計算の基礎知識が必要となる．巻末の付録に基礎をまとめたので，必要に応じて読んでから本章に取り組んでほしい．

5.1 ▶ 要素と節点

　トラス構造やラーメン構造などの実際の構造物は，トラス材，柱，梁などの細長い線的な部材が組み合わさって構成されている．マトリクス解析では各部材を「要素」，その要素の両端（i端，j端）を「節点」とよぶ．要素どうしは節点を介して相互に繋がっており，力のやりとりもこの節点を介して行われている．変位法であるマトリクス解析において，この節点の変位を求めることが当面の目標となる．このように，節点は単なる点ではなく，要素どうしを連結して応力を伝達し，変位を求める際の基点となる重要な意味をもっている．

　トラス構造でもラーメン構造でも，構造物は節点で相互に接続された要素の集合体として考えることができる．たとえば，図 5.1 のようなラーメン構造は，三つの要素と四つの節点で構成されている．

　各要素の両端（始点を i端，終点を j端とよぶ）には応力と変形が生じている．この

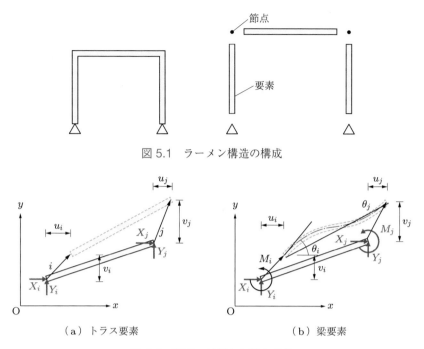

図 5.1 ラーメン構造の構成

（a）トラス要素　　　　　　　　　　（b）梁要素

図 5.2 要素の材端力と節点変位

応力を材端力，変位を節点変位とよぶ．トラス構造に使われる軸力のみを伝達する要素
（せん断力，曲げモーメントは生じない）を「トラス要素」（図 5.2(a)），梁やラーメン
構造に用いられる軸力・せん断力・曲げモーメントを生じる要素を「梁要素」（図(b)）
とよぶ．また，トラス要素の変形は両端の X 方向変位（u_i, u_j），Y 方向変位（v_i,
v_j）で表現できるが，梁要素の場合はこれに加えて節点回転角（θ_i, θ_j）も考慮しな
ければならない．

5.2 ▶ トラス構造の解法

　ここでは，まずはトラス構造のマトリクス解析について説明する．トラス構造では
せん断力や曲げモーメントが生じず軸力のみを扱うため，比較的小さなマトリクスを
用いて計算することができ，解法の流れは理解しやすい．

■5.2.1 トラス要素の要素剛性マトリクス

　剛性マトリクス（stiffness matrix）とは，要素や構造物全体の，力に対する剛性（硬
さ）をマトリクス形式で表したものである．要素単体のものを**要素剛性マトリクス**，こ

れを組み合わせて構造物全体の剛性を表現したものを**全体（系）剛性マトリクス**など
とよぶ.

まずは要素剛性マトリクスの作成方法について説明しよう. 要素単体の挙動（力を
受けた際に生じる応力や変形）をわざわざマトリクス形式で表現するのは, ここで作っ
た要素剛性マトリクスが構造物全体の挙動をマトリクスで表現する際の基本となるか
らである.

図 5.3 に示すような, 長さ l のトラス要素があり, この要素単体のための座標系と
して（これを**要素座標系**とよぶ）, 材軸方向の i 端から j 端に向かう向きに $\bar{x}$ 軸, それ
と直交する向きに $\bar{y}$ 軸をとる. この要素が材端力 $\overline{\boldsymbol{p}} = \{\overline{p_{xi}} \quad \overline{p_{yi}} \quad \overline{p_{xj}} \quad \overline{p_{yj}}\}^{\mathrm{T}}$ を受け
て節点変位 $\overline{\boldsymbol{d}} = \{\overline{u_i} \quad \overline{v_i} \quad \overline{u_j} \quad \overline{v_j}\}^{\mathrm{T}}$ を生じ, 変形しているとする. ここで, 上付きの
T はマトリクスの転置を表す. 力や変位の記号にバーをつけているのは, これらが要
素座標系で表されていることを示しており, 後で出てくる系座標系で表された材端力
や変位と区別するためである. $\overline{p_{xi}}$, $\overline{p_{xj}}$ は材軸 $\bar{x}$ 方向の材端力, $\overline{p_{yi}}$, $\overline{p_{yj}}$ は材軸と直
交する $\bar{y}$ 方向の材端力, 同様に $\overline{u_i}$, $\overline{u_j}$ は $\bar{x}$ 方向の節点変位, $\overline{v_i}$, $\overline{v_j}$ は $\bar{y}$ 方向の節点
変位である.

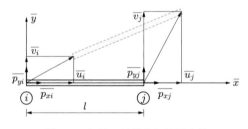

図 5.3 部材の材端力と材端変位

材軸方向の変位が生じている場合を図 5.4 に示す. まずは $\overline{u_i}$ のみが生じ, 他の変位
が 0 の場合を考える. このとき, 部材は $\overline{u_i}$ の長さの分だけ縮んでいるわけだから, 部
材には圧縮力 N^- が生じる.

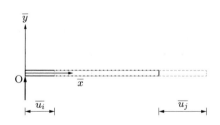

図 5.4 材軸方向の変位が生じている場合

$$N^- = \frac{EA}{l}\overline{u_i} \tag{5.1}$$

このとき，部材に生じる圧縮力と，材軸方向の材端力 $\overline{p_{xi}}$，$\overline{p_{xj}}$ は，それぞれの節点において釣り合っている．軸力しか生じていないわけだから，材軸と直交方向の材端力 $\overline{p_{yi}}$，$\overline{p_{yj}}$ は 0 である．

$$\overline{p_{xi}} = \frac{EA}{l}\overline{u_i}, \qquad \overline{p_{yi}} = 0, \qquad \overline{p_{xj}} = -\frac{EA}{l}\overline{u_i}, \qquad \overline{p_{yj}} = 0 \tag{5.2}$$

同様に，$\overline{u_j}$ のみが生じている場合は，部材は $\overline{u_j}$ 分伸びているので，引張力 N^+ が生じ，この引張力と材端力 p_{xi}，p_{xj} が釣り合っている．

$$\overline{p_{xi}} = -\frac{EA}{l}\overline{u_j}, \qquad \overline{p_{yi}} = 0, \qquad \overline{p_{xj}} = \frac{EA}{l}\overline{u_j}, \qquad \overline{p_{yj}} = 0 \tag{5.3}$$

$\overline{u_i}$，$\overline{u_j}$ が同時に生じている場合は，上式を重ね合わせてつぎのようになる．

$$\overline{p_{xi}} = \frac{EA}{l}\overline{u_i} - \frac{EA}{l}\overline{u_j}, \qquad \overline{p_{yi}} = 0, \qquad \overline{p_{xj}} = -\frac{EA}{l}\overline{u_i} + \frac{EA}{l}\overline{u_j}, \qquad \overline{p_{yj}} = 0 \tag{5.4}$$

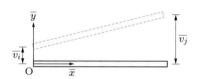

図 5.5　材軸と直交方向の変位が生じている場合

一方，材軸と直交方向の変位 $\overline{v_i}$ のみが生じている場合（図 5.5），部材は伸び縮みせず，回転だけが生じる．ここで，変形は微小であることに注意する．変形が大きい（大変形）場合，材軸と直交方向の変位でも三平方の定理より部材の伸び縮みが生じるが，変形が十分小さい（微小変形）のであれば，材はわずかに回転するだけで伸び縮みは生じない．

部材が変形していないわけだから，軸力は生じない．つまり材端力も 0 である．

$$\overline{p_{xi}} = 0, \qquad \overline{p_{yi}} = 0, \qquad \overline{p_{xj}} = 0, \qquad \overline{p_{yj}} = 0 \tag{5.5}$$

$\overline{v_j}$ のみが生じている場合も同様である．つまり，いくら材軸と直交方向の変位が生じても，これは材端力を変化させることはなく，無関係である．

これをマトリクスを使って整理すると，つぎのように書ける．

$$\left\{ \begin{array}{c} \overline{p_{xi}} \\ \overline{p_{yi}} \\ \overline{p_{xj}} \\ \overline{p_{yj}} \end{array} \right\} = \left[\begin{array}{cccc} \dfrac{EA}{l} & 0 & -\dfrac{EA}{l} & 0 \\ 0 & 0 & 0 & 0 \\ -\dfrac{EA}{l} & 0 & \dfrac{EA}{l} & 0 \\ 0 & 0 & 0 & 0 \end{array} \right] \left\{ \begin{array}{c} \overline{u_i} \\ \overline{v_i} \\ \overline{u_j} \\ \overline{v_j} \end{array} \right\} \tag{5.6}$$

$$\overline{k} = \left[\begin{array}{cccc} \dfrac{EA}{l} & 0 & -\dfrac{EA}{l} & 0 \\ 0 & 0 & 0 & 0 \\ -\dfrac{EA}{l} & 0 & \dfrac{EA}{l} & 0 \\ 0 & 0 & 0 & 0 \end{array} \right] \tag{5.7}$$

$$\overline{p} = \overline{k}\,\overline{d} \tag{5.8}$$

ある要素の材端力 $\overline{p}$ と変位 $\overline{d}$ の関係を表すマトリクス $\overline{k}$ のことを，要素座標系における**要素剛性マトリクス**とよぶ．$\overline{p}$ は材端力ベクトル，$\overline{d}$ は節点変位ベクトルである．$\overline{k}$ は上式から明らかなように，対称行列となり，$a_{ij} = a_{ji}$ である．

式(5.8)の形は，ばね定数 k のばねの力 f と変形 x の関係式 $f = kx$ と同じ形であることがわかる．要素剛性マトリクスは，ばね定数 k に相当する役割を果たすものである．

■5.2.2　トラス要素の座標変換

さきほど部材の要素剛性マトリクスを求めたが，その際，座標系としては部材の材軸方向に $\overline{x}$ 軸，それと直交方向に $\overline{y}$ 軸をとったもの（要素座標系）を用いた．実際の構造物は多くの部材より成り立っており，この部材の材軸方向も当然一通りではない．これから構造物全体の関係式を作るにあたり，座標系がバラバラのままでは各節点での力の釣り合いを計算することができないので，構造物全体で統一した座標系で表す必要がある．この構造物全体で統一した座標系のことを**全体座標系**（global coordinate system）とよぶ．

手順としては，要素座標系で表現されたものを全体座標系に変換して表現しなおす必要があるわけだが，この座標系を変換する作業を**座標変換**とよぶ．どちらも直交座標系であり，必要な操作は原点 O まわりに座標軸を回転させるだけであるから，座標変換がそれほど難しいわけではない．

ある要素の要素座標系 $\overline{x} = (\overline{x}, \overline{y})$ が全体座標系 $x = (x, y)$ に対して z 軸（x 軸，y 軸と直交する紙面と直交方向手前側の軸）まわりに θ の角度をもっているときの要素座標系と全体座標系の関係を考える．

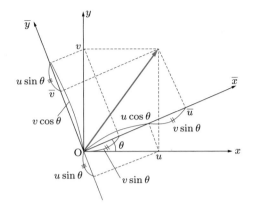

図 5.6 要素座標系から全体座標系への座標変換

図 5.6 に示す 2 次元空間上のベクトルを示す．このベクトルを要素座標系において表すと $(\overline{u}, \overline{v})$，全体座標系において表すと (u, v) となるとする．異なる 2 種類の座標系で表現しただけであり，ベクトル自身が変化したわけではない．このとき，$(\overline{u}, \overline{v})$ を (u, v) で表すと以下となる．

$$\overline{u} = \cos\theta \times u + \sin\theta \times v$$

$$\overline{v} = -\sin\theta \times u + \cos\theta \times v$$

$$\left\{ \begin{array}{c} \overline{u} \\ \overline{v} \end{array} \right\} = \left[\begin{array}{cc} \cos\theta & \sin\theta \\ -\sin\theta & \cos\theta \end{array} \right] \left\{ \begin{array}{c} u \\ v \end{array} \right\} \tag{5.9a}$$

$$\boldsymbol{T'} = \left[\begin{array}{cc} \cos\theta & \sin\theta \\ -\sin\theta & \cos\theta \end{array} \right]$$

$$\overline{\boldsymbol{u}} = \boldsymbol{T'}\boldsymbol{u} \tag{5.9b}$$

上式の $\boldsymbol{T'}$ がベクトルの座標変換を行うためのマトリクスである．あくまで座標系を変えるだけであり，ベクトル自身が変化するわけではないことに注意する．

これと同様の関係を用いて，材端力ベクトル $\boldsymbol{p}$ と，節点変位ベクトル $\boldsymbol{x}$ は以下のように変換できる．

$$\left\{ \begin{array}{c} \overline{p_{xi}} \\ \overline{p_{yi}} \\ \overline{p_{xj}} \\ \overline{p_{yj}} \end{array} \right\} = \left[\begin{array}{cccc} \cos\theta & \sin\theta & 0 & 0 \\ -\sin\theta & \cos\theta & 0 & 0 \\ 0 & 0 & \cos\theta & \sin\theta \\ 0 & 0 & -\sin\theta & \cos\theta \end{array} \right] \left\{ \begin{array}{c} p_{xi} \\ p_{yi} \\ p_{xj} \\ p_{yj} \end{array} \right\} \tag{5.10a}$$

$$\overline{\boldsymbol{p}} = \boldsymbol{T}\boldsymbol{p} \tag{5.10b}$$

$$\left\{\begin{array}{c} \overline{u_i} \\ \overline{v_i} \\ \overline{u_j} \\ \overline{v_j} \end{array}\right\} = \left[\begin{array}{cccc} \cos\theta & \sin\theta & 0 & 0 \\ -\sin\theta & \cos\theta & 0 & 0 \\ 0 & 0 & \cos\theta & \sin\theta \\ 0 & 0 & -\sin\theta & \cos\theta \end{array}\right] \left\{\begin{array}{c} u_i \\ v_i \\ u_j \\ v_j \end{array}\right\} \tag{5.11a}$$

$$\overline{d} = Td \tag{5.11b}$$

ここで,

$$T = \left[\begin{array}{cccc} \cos\theta & \sin\theta & 0 & 0 \\ -\sin\theta & \cos\theta & 0 & 0 \\ 0 & 0 & \cos\theta & \sin\theta \\ 0 & 0 & -\sin\theta & \cos\theta \end{array}\right] \tag{5.12}$$

となる.この T のことを,**座標変換マトリクス**（transfer matrix）とよぶ.

ここで,T の逆行列 T^{-1} とは,結局座標を $-\theta$ 回転させて元に戻すことと同義であるから,先ほどの T の式の θ に $-\theta$ を代入することで,

$$\begin{aligned} T^{-1} &= \left[\begin{array}{cccc} \cos(-\theta) & \sin(-\theta) & 0 & 0 \\ -\sin(-\theta) & \cos(-\theta) & 0 & 0 \\ 0 & 0 & \cos(-\theta) & \sin(-\theta) \\ 0 & 0 & -\sin(-\theta) & \cos(-\theta) \end{array}\right] \\ &= \left[\begin{array}{cccc} \cos\theta & -\sin\theta & 0 & 0 \\ \sin\theta & \cos\theta & 0 & 0 \\ 0 & 0 & \cos\theta & -\sin\theta \\ 0 & 0 & \sin\theta & \cos\theta \end{array}\right] \end{aligned} \tag{5.13}†$$

と容易に求められる.またこの行列をみれば明らかなように,T^{-1} は T の転置行列 T^T と等しいため,一般的に逆行列 T^{-1} の代わりに T^T の表現を用いる.

$\overline{p} = Tp$, $\overline{d} = Td$ を式(5.8)に代入すると,

$$Tp = \overline{k}Td \tag{5.14}$$

となり,T の逆行列 T^T を両辺に左から掛けると,左辺と右辺はそれぞれ以下のように書き換えられる.

左辺：$T^T Tp = (T^T T)p = p$ (5.15a)

右辺：$T^T \overline{k} Td = kd$ (5.15b)

---

† $\sin(-\theta) = -\sin\theta$, $\cos(-\theta) = \cos\theta$.

ここで，$\boldsymbol{T}^T \overline{\boldsymbol{k}} \boldsymbol{T} = \boldsymbol{k}$ とする．これより，式(5.14)は次式となる．

$$\boldsymbol{p} = \boldsymbol{k} \boldsymbol{d} \tag{5.16}$$

この $\boldsymbol{k}$ が，全体座標系における要素剛性マトリクスである．$\boldsymbol{k}$ は必ず対称行列となる．

例題 5.1 図 5.7 の要素の全体座標系における要素剛性マトリクス $\boldsymbol{k}$ を求めよ．なお，部材のヤング係数 $E = 200000\,\mathrm{N/mm^2}$，断面積 $A = 600\,\mathrm{mm^2}$ とする．

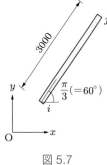

図 5.7

解答 i 端から j 端に向かう方向に要素座標系 $\overline{x}$ をとり，要素座標系における要素剛性マトリクス $\overline{\boldsymbol{k}}$ を求めるとつぎのようになる．

$$\overline{\boldsymbol{k}} = \begin{bmatrix} \dfrac{EA}{l} & 0 & -\dfrac{EA}{l} & 0 \\ 0 & 0 & 0 & 0 \\ -\dfrac{EA}{l} & 0 & \dfrac{EA}{l} & 0 \\ 0 & 0 & 0 & 0 \end{bmatrix} = \begin{bmatrix} 4.0 \times 10^4 & 0 & -4.0 \times 10^4 & 0 \\ 0 & 0 & 0 & 0 \\ -4.0 \times 10^4 & 0 & 4.0 \times 10^4 & 0 \\ 0 & 0 & 0 & 0 \end{bmatrix}$$

また，座標変換マトリクス $\boldsymbol{T}$ は，$\cos(\pi/3) = 0.5$，$\sin(\pi/3) = 0.866$ を代入して

$$\boldsymbol{T} = \begin{bmatrix} \cos\theta & \sin\theta & 0 & 0 \\ -\sin\theta & \cos\theta & 0 & 0 \\ 0 & 0 & \cos\theta & \sin\theta \\ 0 & 0 & -\sin\theta & \cos\theta \end{bmatrix}$$

$$= \begin{bmatrix} 0.500 & 0.866 & 0 & 0 \\ -0.866 & 0.500 & 0 & 0 \\ 0 & 0 & 0.500 & 0.866 \\ 0 & 0 & -0.866 & 0.500 \end{bmatrix}$$

となる．よって，$\boldsymbol{k} = \boldsymbol{T}^T \overline{\boldsymbol{k}} \boldsymbol{T}$ より，つぎのように求められる．

$$
k = \begin{bmatrix} 0.500 & -0.866 & 0 & 0 \\ 0.866 & 0.500 & 0 & 0 \\ 0 & 0 & 0.500 & -0.866 \\ 0 & 0 & 0.866 & 0.500 \end{bmatrix} \begin{bmatrix} 4.0 \times 10^4 & 0 & -4.0 \times 10^4 & 0 \\ 0 & 0 & 0 & 0 \\ -4.0 \times 10^4 & 0 & 4.0 \times 10^4 & 0 \\ 0 & 0 & 0 & 0 \end{bmatrix}
$$

$$
\times \begin{bmatrix} 0.500 & 0.866 & 0 & 0 \\ -0.866 & 0.500 & 0 & 0 \\ 0 & 0 & 0.500 & 0.866 \\ 0 & 0 & -0.866 & 0.500 \end{bmatrix}
$$

$$
= \begin{bmatrix} 1.00 & 1.73 & -1.00 & -1.73 \\ 1.73 & 3.00 & -1.73 & -3.00 \\ -1.00 & -1.73 & 1.00 & 1.73 \\ -1.73 & -3.00 & 1.73 & 3.00 \end{bmatrix} \times 10^4
$$

■5.2.3 トラス構造の全体剛性マトリクス

実際の構造物は多くの部材が組み合わさり，相互に接続されることで成り立っている．そのような構造物全体としての節点力と節点変位の関係を考えるため，その関係式を求めてみよう．

図 5.8 のような四つのトラス要素よりなるトラス構造があるとする．①～④は節点番号，[1]～[4]は要素番号である．節点①②は支点となっており，それぞれ反力 $\boldsymbol{R}_1 = \{H_1 \quad V_1\}$，$\boldsymbol{R}_2 = \{H_2 \quad V_2\}$ が作用している．節点③には荷重 $\boldsymbol{P}_3 = \{P_{x3} \quad P_{y3}\}$ が，節点④には荷重 $\boldsymbol{P}_4 = \{P_{x4} \quad P_{y4}\}$ が作用している．また，各要素は二つの節点を結んでいるが，節点番号の小さいほうを i 端，大きいほうを j 端とする．たとえば要素 [3]は節点③が i 端，節点④が j 端である．

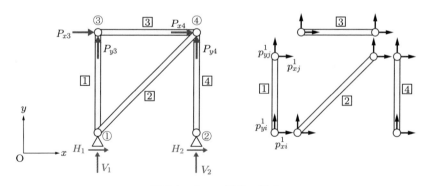

図 5.8　トラス構造の構成

各要素の全体座標系における要素剛性マトリクス $\boldsymbol{k}$ があらかじめ求められており，それを用いて各要素における節点力と変位の関係がつぎのように表されているとする．

$$
\left\{
\begin{array}{c}
p_{xi}^{\alpha} \\
p_{yi}^{\alpha} \\
p_{xj}^{\alpha} \\
p_{yj}^{\alpha}
\end{array}
\right\}
=
\left[
\begin{array}{cccc}
k_{11}^{\alpha} & k_{12}^{\alpha} & k_{13}^{\alpha} & k_{14}^{\alpha} \\
k_{21}^{\alpha} & k_{22}^{\alpha} & k_{23}^{\alpha} & k_{24}^{\alpha} \\
k_{31}^{\alpha} & k_{32}^{\alpha} & k_{33}^{\alpha} & k_{34}^{\alpha} \\
k_{41}^{\alpha} & k_{42}^{\alpha} & k_{43}^{1\alpha} & k_{44}^{\alpha}
\end{array}
\right]
\left\{
\begin{array}{c}
u_i \\
v_i \\
u_j \\
v_j
\end{array}
\right\}
\tag{5.17a}
$$

$$
\boldsymbol{p}^{\alpha} = \boldsymbol{k}^{\alpha} \boldsymbol{x}
\tag{5.17b}
$$

ここで，材端力および要素剛性マトリクス内の各要素の上付き文字 α は要素番号を表す（$\alpha = 1, 2, 3, 4$）．

ここで，たとえば節点③に着目すると，ここには要素 $\boxed{1}$ の j 端および要素 $\boxed{3}$ の i 端側の材端力が作用している．これらの合力が外力 $\boldsymbol{P}_3 = \{P_{x3} \quad P_{y3}\}$ と釣り合っていることから，つぎのように表される．

$$
P_{x3} = p_{xj}^1 + p_{xi}^3, \qquad P_{y3} = p_{yj}^1 + p_{yi}^3
\tag{5.18}
$$

同様に他の節点についてもそこに集まる材端力の合力と節点力（外力または反力）の釣り合い式を立てることができる．整理すると，

節点①　$H_1 = p_{xi}^1 + p_{xi}^2, \qquad V_1 = p_{yi}^1 + p_{yi}^2$ $\qquad$ (5.19a)

節点②　$H_2 = p_{xi}^4, \qquad V_2 = p_{yi}^4$ $\qquad$ (5.19b)

節点③　$P_{x3} = p_{xj}^1 + p_{xi}^3, \qquad P_{y3} = p_{yj}^1 + p_{yi}^3$ $\qquad$ (5.19c)

節点④　$P_{x4} = p_{xj}^2 + p_{xj}^3 + p_{xj}^4, \qquad P_{y4} = p_{yj}^2 + p_{yj}^3 + p_{yj}^4$ $\qquad$ (5.19d)

となり，上式の p_{xi}^1 などの材端力に先ほど求めた各要素の節点力と変位の関係式を代入して，マトリクス形式で表現すれば，つぎのようになる．

$$
\left\{
\begin{array}{c}
H_1 \\
V_1 \\
H_2 \\
V_2 \\
P_{x3} \\
P_{y3} \\
P_{x4} \\
P_{y4}
\end{array}
\right\}
=
$$

$$
\begin{bmatrix}
k_{11}^1+k_{11}^2 & k_{12}^1+k_{12}^2 & & & k_{13}^1 & k_{14}^1 & k_{13}^2 & k_{14}^2 \\
k_{21}^1+k_{21}^2 & k_{22}^1+k_{22}^2 & & & k_{23}^1 & k_{24}^1 & k_{23}^2 & k_{24}^2 \\
& & k_{11}^4 & k_{12}^4 & & & k_{13}^4 & k_{14}^4 \\
& & k_{21}^4 & k_{22}^4 & & & k_{23}^4 & k_{24}^4 \\
k_{31}^1 & k_{32}^1 & & & k_{33}^1+k_{11}^3 & k_{34}^1+k_{12}^3 & k_{13}^3 & k_{14}^3 \\
k_{41}^1 & k_{42}^1 & & & k_{43}^1+k_{21}^3 & k_{44}^1+k_{22}^3 & k_{23}^3 & k_{24}^3 \\
k_{31}^2 & k_{32}^2 & k_{31}^4 & k_{32}^4 & k_{31}^3 & k_{34}^3 & k_{33}^2+k_{33}^3+k_{33}^4 & k_{34}^2+k_{34}^3+k_{34}^4 \\
k_{41}^2 & k_{42}^2 & k_{41}^4 & k_{42}^4 & k_{41}^3 & k_{42}^3 & k_{43}^2+k_{43}^3+k_{43}^4 & k_{44}^2+k_{44}^3+k_{44}^4
\end{bmatrix}
\begin{Bmatrix}
u_1 \\ v_1 \\ u_2 \\ v_2 \\ u_3 \\ v_3 \\ u_4 \\ v_4
\end{Bmatrix}
$$

$$\text{(5.20a)}$$

$$\boldsymbol{P} = \boldsymbol{K}\boldsymbol{d} \tag{5.20b}$$

これが構造物全体に関する節点力と節点変位の関係式であり，$\boldsymbol{K}$ を全体（系）剛性マトリクスとよぶ．$\boldsymbol{P}$ は節点力ベクトル，$\boldsymbol{d}$ は節点変位ベクトルである．

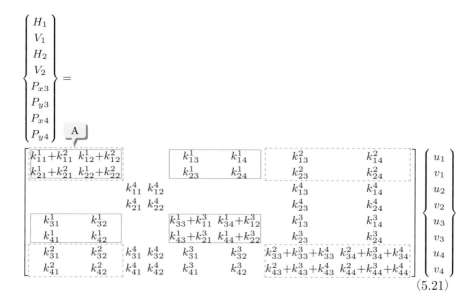

$$\text{(5.21)}$$

ここで，全体剛性マトリクスをあらためてみてみよう．節点①と③を結ぶ要素 1 の要素剛性マトリクスは，全体マトリクスの節点①と③に対応する位置に配置されている（青色実線で囲んだ部分）．また，節点①と④を結ぶ要素 2 の要素剛性マトリクスは節点①と④に対応する位置に配置されている（青色破線で囲んだ部分）．それ以外の要素剛性マトリクスに関しても同様のルールで配置されていることがわかる．

このように，節点間にトラス部材が存在する場合には，全体マトリクスの中の該当する節点位置に要素剛性マトリクスを配置していけばよい．したがって，節点①のように同一の節点に複数のトラス部材が接続する場合には，対角要素には複数の剛性マ

トリクスの要素が足し合わされることとなる（A の部分）.

このようなルールにより，各部材の要素剛性マトリクスは，全体マトリクスに自動的に配置することができる.

■5.2.4 トラス構造の解析法

ここまでで得られた関係を使って実際に解析していこう. マトリクス解析は変位法に属する手法なので，まずは未知の節点変位を求めることが目標となる.

ここで，先ほどの式(5.20a)の節点力 $\boldsymbol{P}$ をよくみると，これはつぎのように二つの部分に分けて考えることができる.

$$\left\{\begin{array}{c} \left.\begin{array}{c} H_1 \\ V_1 \\ H_2 \\ V_2 \end{array}\right\} \boldsymbol{P}_{\mathrm{B}} \quad \text{支点反力（未知数）} \\ \hline \left.\begin{array}{c} P_{x3} \\ P_{y3} \\ P_{x4} \\ P_{y4} \end{array}\right\} \boldsymbol{P}_{\mathrm{A}} \quad \text{外力（既知数）} \end{array}\right.$$

外力 $\boldsymbol{P}_{\mathrm{A}}$ は一般的に問題ごとに与えられるので既知数，支点反力 $\boldsymbol{P}_{\mathrm{B}}$ は未知数である. 同様に，変位 $\boldsymbol{d}$ についても二つの部分に分けて考えられる.

$$\left\{\begin{array}{c} \left.\begin{array}{c} u_1 \\ v_1 \\ u_2 \\ v_2 \end{array}\right\} \boldsymbol{d}_{\mathrm{B}} \quad \text{支点（既知数）} \\ \hline \left.\begin{array}{c} u_3 \\ v_3 \\ u_4 \\ v_4 \end{array}\right\} \boldsymbol{d}_{\mathrm{A}} \quad \text{自由節点（未知数）} \end{array}\right.$$

節点力と変位では既知数と未知数の関係が入れ替わることに注意する. 節点変位では支点の変位のほうが既知数であり，支点では変位は拘束されているので，

$$u_1 = v_1 = u_2 = v_2 = 0 \tag{5.22}$$

$$\boldsymbol{d}_{\mathrm{B}} = \boldsymbol{0} \tag{5.23}$$

となる. **0** はゼロベクトルである. この関係を用い, 既知数を先にもってきて整理すると, つぎのようになる.

$$\left\{ \begin{array}{c} P_A \\ P_B \end{array} \right\} = \left[\begin{array}{cc} K_{AA} & K_{AB} \\ K_{BA} & K_{BB} \end{array} \right] \left\{ \begin{array}{c} d_A \\ 0 \end{array} \right\} \tag{5.24}$$

ここで, K_{AB}, K_{BB} は **0** を乗じる部分なので, 何が入っていても結局 $K_{AB}0 = 0$, $K_{BB}0 = 0$ となるため, 無視できる.

$$\left\{ \begin{array}{c} P_A \\ P_B \end{array} \right\} = \left[\begin{array}{c} K_{AA} \\ K_{BA} \end{array} \right] d_A \tag{5.25}$$

P_A の部分だけ抜き出すと,

$$P_A = K_{AA}d_A \tag{5.26}$$

となり, K_{AA} の逆行列 K_{AA}^{-1} を両辺の左から掛けると, つぎのようになる.

$$K_{AA}^{-1}P_A = K_{AA}^{-1}K_{AA}d_A = d_A \tag{5.27}$$

$$\therefore d_A = K_{AA}^{-1}P_A \tag{5.28}$$

これより, 自由節点の変位 d_A が求められる. また, この d_A を用いることで,

$$P_B = K_{AB}d_A \tag{5.29}$$

より, 支点反力を求めることができる.

上記のように, 計算の過程では K_{AA} の逆行列 K_{AA}^{-1} を求める必要があるが, 与えられた条件が十分で構造物が安定であれば, K_{AA}^{-1} はコンピュータなどを用いて容易に求めることができる.

例題 5.2　図 5.9 のトラス構造の全体剛性マトリクス **K** を求めよ. なお, 部材 [1], [2] ともに, ヤング係数 $E = 2.00 \times 10^5 \, \text{N/mm}^2$, 断面積 $A = 300 \, \text{mm}^2$ とする.

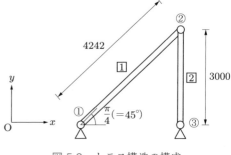

図 5.9　トラス構造の構成

解答 部材 ①, ②それぞれの全体座標系における要素剛性マトリクス k_1, k_2 を求めると，つぎのようになる．いずれの部材も，節点番号の小さい側を i 端，大きい側を j 端としている．

$$k_1 = \begin{bmatrix} 0.707 & -0.707 & 0 & 0 \\ 0.707 & 0.707 & 0 & 0 \\ 0 & 0 & 0.707 & -0.707 \\ 0 & 0 & 0.707 & 0.707 \end{bmatrix} \begin{bmatrix} 1.414 \times 10^4 & 0 & -1.414 \times 10^4 & 0 \\ 0 & 0 & 0 & 0 \\ -1.414 \times 10^4 & 0 & 1.414 \times 10^4 & 0 \\ 0 & 0 & 0 & 0 \end{bmatrix}$$

$$\times \begin{bmatrix} 0.707 & 0.707 & 0 & 0 \\ -0.707 & 0.707 & 0 & 0 \\ 0 & 0 & 0.707 & 0.707 \\ 0 & 0 & -0.707 & 0.707 \end{bmatrix}$$

$$= \begin{bmatrix} 7.07 \times 10^3 & 7.07 \times 10^3 & -7.07 \times 10^3 & -7.07 \times 10^3 \\ 7.07 \times 10^3 & 7.07 \times 10^3 & -7.07 \times 10^3 & -7.07 \times 10^3 \\ -7.07 \times 10^3 & -7.07 \times 10^3 & 7.07 \times 10^3 & 7.07 \times 10^3 \\ -7.07 \times 10^3 & -7.07 \times 10^3 & 7.07 \times 10^3 & 7.07 \times 10^3 \end{bmatrix}$$

$$k_2 = \begin{bmatrix} 0.00 & -1.00 & 0 & 0 \\ 1.00 & 0.00 & 0 & 0 \\ 0 & 0 & 0.00 & -1.00 \\ 0 & 0 & 0.1.00 & 0.00 \end{bmatrix} \begin{bmatrix} 2.00 \times 10^4 & 0 & -2.00 \times 10^4 & 0 \\ 0 & 0 & 0 & 0 \\ -2.00 \times 10^4 & 0 & 2.00 \times 10^4 & 0 \\ 0 & 0 & 0 & 0 \end{bmatrix}$$

$$\times \begin{bmatrix} 0.00 & 1.00 & 0 & 0 \\ -1.00 & 0.00 & 0 & 0 \\ 0 & 0 & 0.00 & 1.00 \\ 0 & 0 & -1.00 & 0.00 \end{bmatrix}$$

$$= \begin{bmatrix} 0 & 0 & 0 & 0 \\ 0 & 2.00 \times 10^4 & 0 & -2.00 \times 10^4 \\ 0 & 0 & 0 & 0 \\ 0 & -2.00 \times 10^4 & 0 & 2.00 \times 10^4 \end{bmatrix}$$

これらを組み合わせて全体剛性マトリクス K を作成すると，つぎのようになる．

$$K = \begin{bmatrix} 7.07 \times 10^3 & 7.07 \times 10^3 & -7.07 \times 10^3 & -7.07 \times 10^3 & 0 & 0 \\ 7.07 \times 10^3 & 7.07 \times 10^3 & -7.07 \times 10^3 & -7.07 \times 10^3 & 0 & 0 \\ -7.07 \times 10^3 & -7.07 \times 10^3 & 7.07 \times 10^3 & 7.07 \times 10^3 & 0 & 0 \\ -7.07 \times 10^3 & -7.07 \times 10^3 & 7.07 \times 10^3 & 7.07 \times 10^3 + 2.00 \times 10^4 & 0 & -2.00 \times 10^4 \\ 0 & 0 & 0 & 0 & 0 & 0 \\ 0 & 0 & 0 & -2.00 \times 10^4 & 0 & 2.00 \times 10^4 \end{bmatrix}$$

$$
= \begin{bmatrix}
7.07 \times 10^3 & 7.07 \times 10^3 & -7.07 \times 10^3 & -7.07 \times 10^3 & 0 & 0 \\
7.07 \times 10^3 & 7.07 \times 10^3 & -7.07 \times 10^3 & -7.07 \times 10^3 & 0 & 0 \\
-7.07 \times 10^3 & -7.07 \times 10^3 & 7.07 \times 10^3 & 7.07 \times 10^3 & 0 & 0 \\
-7.07 \times 10^3 & -7.07 \times 10^3 & 7.07 \times 10^3 & 2.71 \times 10^4 & 0 & -2.00 \times 10^4 \\
0 & 0 & 0 & 0 & 0 & 0 \\
0 & 0 & 0 & -2.00 \times 10^4 & 0 & 2.00 \times 10^4
\end{bmatrix}
$$

5.3 ▶ ラーメン構造の解法

ラーメン構造では扱う要素が梁要素となり，軸力に加えてせん断力，曲げモーメントが同時に発生する．マトリクスが大きくなるが，計算の手順自体はトラス構造の場合とほとんど変わらない．

■5.3.1 梁の要素剛性マトリクス

軸力・せん断力・曲げモーメントを同時に受ける梁要素の要素剛性マトリクスについて説明する．基本的な考え方はトラス要素の場合と同様であるが，材端力には曲げモーメントとせん断力，材端変位には回転角が加わり，要素剛性マトリクスは 6×6 の大きさとなる．

図 5.10 に示すような，長さ l で両端が固定された梁要素が，材端力 $\overline{p} = \{\overline{p_{xi}} \quad \overline{p_{yi}} \quad \overline{m_{\theta i}} \quad \overline{p_{xj}} \quad \overline{p_{yj}} \quad \overline{m_{\theta j}}\}$ を受けて節点変位 $\overline{d} = \{\overline{u_i} \quad \overline{v_i} \quad \overline{\theta_i} \quad \overline{u_j} \quad \overline{v_j} \quad \overline{\theta_j}\}$ を生じ，変形しているとする．トラス要素の場合と同じように，i 端から j 端に向かう材軸方向の軸を $\overline{x}$ 軸，それと直交する軸を $\overline{y}$ 軸とする．ここで，$\overline{m_{\theta i}}$，$\overline{m_{\theta j}}$ はそれぞれ i 端，j 端の材端モーメント，$\overline{\theta_i}$，$\overline{\theta_j}$ はそれぞれ i 端，j 端の節点回転角である．それ以外の $\overline{p_{xi}}$，$\overline{p_{xj}}$，$\overline{p_{yi}}$，$\overline{p_{yj}}$ はトラスの場合と同じ材端力，$\overline{u_i}$，$\overline{u_j}$，$\overline{v_i}$，$\overline{v_j}$ は節点変位である．このとき，$\overline{p}$ と $\overline{d}$ との関係を求めてみよう．

たとえば，$\overline{v_i}$ のみが生じている場合を考えてみる．トラス要素の場合は $\overline{v_i}$ が生じて

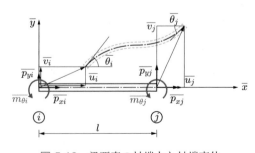

図 5.10　梁要素の材端力と材端変位

も両端がピンであったので，変位が微小であるかぎり何の応力も生じなかった．それでは，両端固定の梁の場合はどうだろうか．

これは第3章で述べた，たわみ角法でいうところの部材角 $R = \overline{v_i}/l$ のみが生じている場合に等しい．たわみ角法公式に代入していけば，そのときの応力は容易に求めることができる．ただし，たわみ角法のときとは y 軸の正の向きが上下反転していることに注意する．それに伴って，回転角およびモーメントの正の向きも時計まわりから反時計まわりに変化している．

材端モーメント $\overline{m_{\theta i}}$，$\overline{m_{\theta j}}$ を求めると，

$$\overline{m_{\theta i}} = \frac{6EI}{l^2}\overline{v_i} \tag{5.30}$$

$$\overline{m_{\theta j}} = \frac{6EI}{l^2}\overline{v_i} \tag{5.31}$$

となり，これより，せん断力 $\overline{p_{yi}}$，$\overline{p_{yj}}$ はつぎのようになる．

$$\overline{p_{yi}} = \frac{\overline{m_{\theta i}} + \overline{m_{\theta j}}}{l} = \frac{12EI}{l^3}\overline{v_i} \tag{5.32}$$

$$\overline{p_{yj}} = \frac{\overline{m_{ij}} + \overline{m_{ji}}}{l} = \frac{12EI}{l^3}\overline{v_i} \tag{5.33}$$

また，軸力 $\overline{p_{xi}}$，$\overline{p_{xj}}$ はともに 0 である．まとめると，曲げ剛性 EI，長さ l の部材に $\overline{v_i}$ のみが生じている場合，その材端力は

$$\overline{p_{xi}} = 0, \qquad \overline{p_{yi}} = \frac{12EI}{l^3}\overline{v_i}, \qquad \overline{m_{\theta i}} = \frac{6EI}{l^2}\overline{v_i} \tag{5.34}$$

$$\overline{p_{xj}} = 0, \qquad \overline{p_{yj}} = -\frac{12EI}{l^3}\overline{v_i}, \qquad \overline{m_{\theta j}} = \frac{6EI}{l^2}\overline{v_i} \tag{5.35}$$

となる．同様に，各変位に対応する材端力を整理すると，図 5.11 のようになる．

トラスの場合と同様に，マトリクスを使って整理すると，つぎのようになる．

$$\begin{Bmatrix} \overline{p_{xi}} \\ \overline{p_{yi}} \\ \overline{m_{\theta i}} \\ \overline{p_{xj}} \\ \overline{p_{yj}} \\ \overline{m_{\theta j}} \end{Bmatrix} = \begin{bmatrix} \dfrac{EA}{l} & 0 & 0 & -\dfrac{EA}{l} & 0 & 0 \\ 0 & \dfrac{12EI}{l^3} & \dfrac{6EI}{l^2} & 0 & -\dfrac{12EI}{l^3} & \dfrac{6EI}{l^2} \\ 0 & \dfrac{6EI}{l^2} & \dfrac{4EI}{l} & 0 & -\dfrac{6EI}{l^2} & \dfrac{2EI}{l} \\ -\dfrac{EA}{l} & 0 & 0 & \dfrac{EA}{l} & 0 & 0 \\ 0 & -\dfrac{12EI}{l^3} & -\dfrac{6EI}{l^2} & 0 & \dfrac{12EI}{l^3} & -\dfrac{6EI}{l^2} \\ 0 & \dfrac{6EI}{l^2} & \dfrac{2EI}{l} & 0 & -\dfrac{6EI}{l^2} & \dfrac{4EI}{l} \end{bmatrix} \begin{Bmatrix} \overline{u_i} \\ \overline{v_i} \\ \overline{\theta_i} \\ \overline{u_j} \\ \overline{v_j} \\ \overline{\theta_j} \end{Bmatrix} \tag{5.36}$$

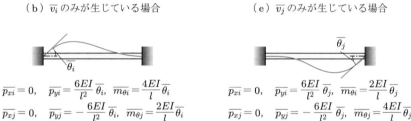

$$\overline{p_{xi}} = \frac{EA}{l}\,\overline{u_i}, \quad \overline{p_{yi}} = 0, \quad \overline{m_{\theta i}} = 0$$

$$\overline{p_{xj}} = -\frac{EA}{l}\,\overline{u_i}, \quad \overline{p_{yj}} = 0, \quad \overline{m_{\theta j}} = 0$$

（a）$\overline{u_i}$ のみが生じている場合

$$\overline{p_{xi}} = -\frac{EA}{l}\,\overline{u_j}, \quad \overline{p_{yi}} = 0, \quad \overline{m_{\theta i}} = 0$$

$$\overline{p_{xj}} = \frac{EA}{l}\,\overline{u_j}, \quad \overline{p_{yj}} = 0, \quad \overline{m_{\theta j}} = 0$$

（d）$\overline{u_j}$ のみが生じている場合

$$\overline{p_{xi}} = 0, \quad \overline{p_{yi}} = \frac{12EI}{l^3}\,\overline{v_i}, \quad \overline{m_{\theta i}} = \frac{6EI}{l^2}\,\overline{v_i}$$

$$\overline{p_{xj}} = 0, \quad \overline{p_{yj}} = -\frac{12EI}{l^3}\,\overline{v_i}, \quad \overline{m_{\theta j}} = \frac{6EI}{l^2}\,\overline{v_i}$$

（b）$\overline{v_i}$ のみが生じている場合

$$\overline{p_{xi}} = 0, \quad \overline{p_{yi}} = -\frac{12EI}{l^3}\,\overline{v_j}, \quad \overline{m_{\theta i}} = -\frac{6EI}{l^2}\,\overline{v_j}$$

$$\overline{p_{xj}} = 0, \quad \overline{p_{yj}} = \frac{12EI}{l^3}\,\overline{v_j}, \quad \overline{m_{\theta j}} = -\frac{6EI}{l^2}\,\overline{v_j}$$

（e）$\overline{v_j}$ のみが生じている場合

$$\overline{p_{xi}} = 0, \quad \overline{p_{yi}} = \frac{6EI}{l^2}\,\overline{\theta_i}, \quad \overline{m_{\theta i}} = \frac{4EI}{l}\,\overline{\theta_i}$$

$$\overline{p_{xj}} = 0, \quad \overline{p_{yj}} = -\frac{6EI}{l^2}\,\overline{\theta_i}, \quad \overline{m_{\theta j}} = \frac{2EI}{l}\,\overline{\theta_i}$$

（c）$\overline{\theta_i}$ のみが生じている場合

$$\overline{p_{xi}} = 0, \quad \overline{p_{yi}} = \frac{6EI}{l^2}\,\overline{\theta_j}, \quad \overline{m_{\theta i}} = \frac{2EI}{l}\,\overline{\theta_j}$$

$$\overline{p_{xj}} = 0, \quad \overline{p_{yj}} = -\frac{6EI}{l^2}\,\overline{\theta_j}, \quad \overline{m_{\theta j}} = \frac{4EI}{l}\,\overline{\theta_j}$$

（f）$\overline{\theta_j}$ のみが生じている場合

図 5.11　各変位とそれに対応する材端力

$$\overline{p} = \overline{k}\,\overline{d} \tag{5.37}$$

これが梁要素の要素剛性マトリクスである．ただし，せん断変形の影響はここでは無視している．

■5.3.2　梁要素の座標変換

トラスの場合と同様，構造物を構成する要素の要素剛性マトリクスを重ね合わせて全体剛性マトリクスを作成するためには，座標変換が必要である（図 5.12）．この場合，i 端，j 端の節点回転角の項が増えて座標変換マトリクスもまた 6×6 となる．ただし，この回転角はもともと紙面に直交方向の軸（z 軸）まわりの回転角であり，z 軸と $\overline{z}$ 軸は一致しているので，座標変換したところで回転角の大きさが変化するわけではない．座標変換マトリクス $\boldsymbol{T}$ は以下となる．

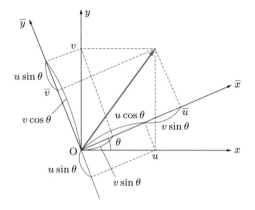

図 5.12　要素座標系から全体座標系への座標変換

$$
\boldsymbol{T} = \begin{bmatrix}
\cos\theta & \sin\theta & 0 & 0 & 0 & 0 \\
-\sin\theta & \cos\theta & 0 & 0 & 0 & 0 \\
0 & 0 & 1 & 0 & 0 & 0 \\
0 & 0 & 0 & \cos\theta & \sin\theta & 0 \\
0 & 0 & 0 & -\sin\theta & \cos\theta & 0
\end{bmatrix}
\tag{5.38}
$$

これを用いて，材端力ベクトル $\boldsymbol{p}$ と節点変位ベクトル $\boldsymbol{x}$ は以下のように変換できる．

$$
\begin{Bmatrix}
\overline{p_{xi}} \\
\overline{p_{yi}} \\
\overline{m_{ij}} \\
\overline{p_{xj}} \\
\overline{p_{yj}} \\
\overline{m_{ji}}
\end{Bmatrix}
=
\begin{bmatrix}
\cos\theta & \sin\theta & 0 & 0 & 0 & 0 \\
-\sin\theta & \cos\theta & 0 & 0 & 0 & 0 \\
0 & 0 & 1 & 0 & 0 & 0 \\
0 & 0 & 0 & \cos\theta & \sin\theta & 0 \\
0 & 0 & 0 & -\sin\theta & \cos\theta & 0 \\
0 & 0 & 0 & 0 & 0 & 1
\end{bmatrix}
\begin{Bmatrix}
p_{xi} \\
p_{yi} \\
m_{ij} \\
p_{xj} \\
p_{yj} \\
m_{ji}
\end{Bmatrix}
\tag{5.39a}
$$

$$
\overline{\boldsymbol{p}} = \boldsymbol{T}\,\boldsymbol{p}
\tag{5.39b}
$$

$$
\begin{Bmatrix}
\overline{u_i} \\
\overline{v_i} \\
\overline{\theta_i} \\
\overline{u_j} \\
\overline{v_j} \\
\overline{\theta_j}
\end{Bmatrix}
=
\begin{bmatrix}
\cos\theta & \sin\theta & 0 & 0 & 0 & 0 \\
-\sin\theta & \cos\theta & 0 & 0 & 0 & 0 \\
0 & 0 & 1 & 0 & 0 & 0 \\
0 & 0 & 0 & \cos\theta & \sin\theta & 0 \\
0 & 0 & 0 & -\sin\theta & \cos\theta & 0 \\
0 & 0 & 0 & 0 & 0 & 1
\end{bmatrix}
\begin{Bmatrix}
u_i \\
v_i \\
\theta_i \\
u_j \\
v_j \\
\theta_j
\end{Bmatrix}
\tag{5.40a}
$$

$$
\overline{\boldsymbol{d}} = \boldsymbol{T}\,\boldsymbol{d}
\tag{5.40b}
$$

ここで，$\boldsymbol{T}$ の逆行列 $\boldsymbol{T}^{-1}$ が，転置行列 $\boldsymbol{T}^T$ と等しくなることはトラスの場合と同様である．式(5.39b)，(5.40b)を式(5.35)に代入して

$$\boldsymbol{T}\,\boldsymbol{p} = \overline{\boldsymbol{k}}\boldsymbol{T}\,\boldsymbol{d} \tag{5.41}$$

となり，$\boldsymbol{T}$ の逆行列 $\boldsymbol{T}^T$ を両辺に左から掛けると，左辺と右辺はそれぞれ以下のように書き換えられる．

$$\text{左辺}：\boldsymbol{T}^T\boldsymbol{T}\,\boldsymbol{p} = (\boldsymbol{T}^T\boldsymbol{T})\boldsymbol{p} = \boldsymbol{p} \tag{5.42a}$$

$$\text{右辺}：\boldsymbol{T}^T\overline{\boldsymbol{k}}\boldsymbol{T}\,\boldsymbol{x} = \boldsymbol{k}\boldsymbol{x} \tag{5.42b}$$

ここで，$\boldsymbol{T}^T\overline{\boldsymbol{k}}\boldsymbol{T} = \boldsymbol{k}$ とする．これより，式(5.41)は次式となる．

$$\boldsymbol{P} = \boldsymbol{k}\boldsymbol{x} \tag{5.43}$$

この $\boldsymbol{k}$ が，梁の全体座標系における要素剛性マトリクスであり，当然その大きさは 6×6 となる．

例題 5.3　図 5.13 の梁要素の全体座標系における要素剛性マトリクスを求めよ．なお，部材のヤング係数 $E = 10000\,\mathrm{N/mm^2}$，断面積 $A = 10000\,\mathrm{mm^2}$，断面 2 次モーメント $I = 5.00 \times 10^7\,\mathrm{mm^4}$ とする．

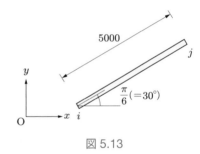

図 5.13

解答　i 端から j 端に向かう方向に要素座標系をとり，要素座標系における要素剛性マトリクス $\overline{\boldsymbol{k}}$ を求めると以下となる．

$$
\overline{\boldsymbol{k}} =
\begin{bmatrix}
\dfrac{EA}{l} & 0 & 0 & -\dfrac{EA}{l} & 0 & 0 \\[2ex]
0 & \dfrac{12EI}{l^3} & \dfrac{6EI}{l^2} & 0 & -\dfrac{12EI}{l^3} & \dfrac{6EI}{l^2} \\[2ex]
0 & \dfrac{6EI}{l^2} & \dfrac{4EI}{l} & 0 & -\dfrac{6EI}{l^2} & \dfrac{2EI}{l} \\[2ex]
-\dfrac{EA}{l} & 0 & 0 & \dfrac{EA}{l} & 0 & 0 \\[2ex]
0 & -\dfrac{12EI}{l^3} & -\dfrac{6EI}{l^2} & 0 & \dfrac{12EI}{l^3} & -\dfrac{6EI}{l^2} \\[2ex]
0 & \dfrac{6EI}{l^2} & \dfrac{2EI}{l} & 0 & -\dfrac{6EI}{l^2} & \dfrac{4EI}{l}
\end{bmatrix}
$$

$$
= \begin{bmatrix}
2.00 \times 10^4 & 0 & 0 & -2.00 \times 10^4 & 0 & 0 \\
0 & 4.80 \times 10 & 1.20 \times 10^5 & 0 & -4.80 \times 10 & 1.20 \times 10^5 \\
0 & 1.20 \times 10^5 & 4.00 \times 10^8 & 0 & -1.20 \times 10^5 & 2.00 \times 10^8 \\
-2.00 \times 10^4 & 0 & 0 & 2.00 \times 10^4 & 0 & 0 \\
0 & -4.80 \times 10 & -1.20 \times 10^5 & 0 & 4.80 \times 10 & -1.20 \times 10^5 \\
0 & 1.20 \times 10^5 & 2.00 \times 10^8 & 0 & -1.20 \times 10^5 & 4.00 \times 10^8
\end{bmatrix}
$$

また，座標変換マトリクス $\boldsymbol{T}$ は，$\cos(\pi/6) = 0.866$，$\sin(\pi/6) = 0.500$ を代入して

$$
\boldsymbol{T} = \begin{bmatrix}
\cos\theta & \sin\theta & 0 & 0 & 0 & 0 \\
-\sin\theta & \cos\theta & 0 & 0 & 0 & 0 \\
0 & 0 & 1 & 0 & 0 & 0 \\
0 & 0 & 0 & \cos\theta & \sin\theta & 0 \\
0 & 0 & 0 & -\sin\theta & \cos\theta & 0 \\
0 & 0 & 0 & 0 & 0 & 1
\end{bmatrix}
$$

$$
= \begin{bmatrix}
0.866 & 0.500 & 0 & 0 & 0 & 0 \\
-0.500 & 0.866 & 0 & 0 & 0 & 0 \\
0 & 0 & 1 & 0 & 0 & 0 \\
0 & 0 & 0 & 0.866 & 0.500 & 0 \\
0 & 0 & 0 & -0.500 & 0.866 & 0 \\
0 & 0 & 0 & 0 & 0 & 1
\end{bmatrix}
$$

となる．よって，$\boldsymbol{k} = \boldsymbol{T}^T \overline{\boldsymbol{k}} \boldsymbol{T}$ より，つぎのようになる．

$\boldsymbol{k} = \boldsymbol{T}^T \overline{\boldsymbol{k}} \boldsymbol{T}$

$$
= \begin{bmatrix}
1.50 \times 10^4 & 8.64 \times 10^3 & -6.00 \times 10^4 & -1.50 \times 10^4 & -8.64 \times 10^3 & -6.00 \times 10^4 \\
8.64 \times 10^3 & 5.04 \times 10^3 & 1.04 \times 10^5 & -8.64 \times 10^3 & -5.04 \times 10^3 & 1.04 \times 10^5 \\
-6.00 \times 10^4 & 1.04 \times 10^5 & 4.00 \times 10^8 & 6.00 \times 10^4 & 1.04 \times 10^5 & 2.00 \times 10^8 \\
-1.50 \times 10^4 & -8.64 \times 10^3 & 6.00 \times 10^4 & 1.50 \times 10^4 & 8.64 \times 10^3 & 6.00 \times 10^4 \\
-8.64 \times 10^3 & -5.04 \times 10^3 & 1.04 \times 10^5 & 8.64 \times 10^3 & 5.04 \times 10^3 & -1.04 \times 10^5 \\
-6.00 \times 10^4 & 1.04 \times 10^5 & 2.00 \times 10^8 & 6.00 \times 10^4 & -1.04 \times 10^5 & 4.00 \times 10^8
\end{bmatrix}
$$

■5.3.3 ラーメン構造の全体剛性マトリクス

実際の建築物で利用されることの多いラーメン構造は，この梁要素が組み合わさったものと考えることができる．図5.14のようなラーメン構造を例に，曲げを受ける構造物の全体剛性マトリクスを求めてみよう．

図5.14のような三つの梁要素よりなるラーメン構造がある．①〜④は節点番号，1〜3 は要素番号である．節点①，④は剛支点であり，それぞれ反力

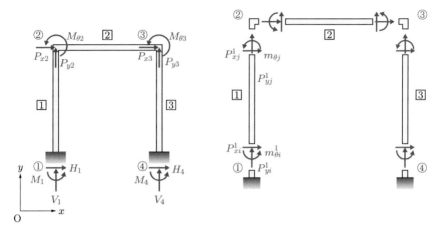

図 5.14 ラーメン構造の構成

$\boldsymbol{R}_1 = \{V_1 \quad H_1 \quad M_1\}$, $\boldsymbol{R}_4 = \{V_4 \quad H_4 \quad M_4\}$ が作用している. 節点②には荷重 $\boldsymbol{P}_2 = \{P_{x2} \quad P_{y2} \quad M_{\theta 2}\}$ が, 節点③には荷重 $\boldsymbol{P}_3 = \{P_{x3} \quad P_{y3} \quad M_{\theta 3}\}$ が作用している. また, 各要素は二つの節点を結んでいるが, 節点番号の小さいほうを i 端, 大きいほうを j 端とする.

各要素の全体座標系における要素剛性マトリクスがあらかじめ求められており, それを用いて各要素における節点力と変位の関係がつぎのように表される.

$$\left\{\begin{array}{c} p_{xi}^\alpha \\ p_{yi}^\alpha \\ m_{\theta i}^\alpha \\ p_{xj}^\alpha \\ p_{yj}^\alpha \\ m_{\theta j}^\alpha \end{array}\right\} = \left[\begin{array}{cccccc} k_{11}^\alpha & k_{12}^\alpha & k_{13}^\alpha & k_{14}^\alpha & k_{15}^\alpha & k_{16}^\alpha \\ k_{21}^\alpha & k_{22}^\alpha & k_{23}^\alpha & k_{24}^\alpha & k_{25}^\alpha & k_{26}^\alpha \\ k_{31}^\alpha & k_{32}^\alpha & k_{33}^\alpha & k_{34}^\alpha & k_{35}^\alpha & k_{36}^\alpha \\ k_{41}^\alpha & k_{42}^\alpha & k_{43}^\alpha & k_{44}^\alpha & k_{45}^\alpha & k_{46}^\alpha \\ k_{51}^\alpha & k_{52}^\alpha & k_{53}^\alpha & k_{54}^\alpha & k_{55}^\alpha & k_{56}^\alpha \\ k_{61}^\alpha & k_{62}^\alpha & k_{63}^\alpha & k_{64}^\alpha & k_{65}^\alpha & k_{66}^\alpha \end{array}\right] \left\{\begin{array}{c} u_i \\ v_i \\ \theta_i \\ u_j \\ v_j \\ \theta_j \end{array}\right\} \quad (5.44)$$

ここで, 材端力および要素剛性マトリクス内の各要素の上付き文字 α は要素番号を表す ($\alpha = 1, 2, 3$).

ここで, たとえば節点②に着目すると, ここには要素 $\boxed{1}$ の j 端および要素 $\boxed{2}$ の i 端側の材端力が作用している. これらの合力が外力 $\boldsymbol{P}_2 = \{P_{x2} \quad P_{y2} \quad M_{\theta 2}\}$ と釣り合っていることから, つぎのように表される.

$$P_{x2} = p_{xj}^1 + p_{xi}^2, \qquad P_{y2} = p_{yj}^1 + p_{yi}^2, \qquad M_{\theta 2} = m_{\theta j}^1 + m_{\theta i}^2 \quad (5.45)$$

同様に他の節点についてもそこに集まる材端力の合力と節点力 (外力または反力) の釣り合い式を立てることができる. 整理すると,

節点① $\quad H_1 = p_{xi}^1, \qquad V_1 = p_{yi}^1, \qquad M_1 = m_{\theta i}^1$ $\qquad$ (5.46a)

節点② $\quad P_{x2} = p_{xj}^1 + p_{xi}^2, \quad P_{y2} = p_{yj}^2 + p_{yi}^3, \quad M_{\theta 2} = m_{\theta j}^1 + m_{\theta i}^2$ (5.46b)

節点③ $\quad P_{x3} = p_{xj}^2 + p_{xi}^3, \quad P_{y3} = p_{yj}^2 + p_{yi}^3, \quad M_{\theta 2} = m_{\theta j}^2 + m_{\theta i}^3$ (5.46c)

節点④ $\quad H_4 = p_{xj}^3, \qquad V_4 = p_{yj}^3, \qquad M_4 = m_{\theta j}^3$ $\qquad$ (5.46d)

となる．この材端力に先ほど求めた各要素の節点力と変位の関係式を代入して，マトリクス形式で整理して表現すれば，つぎのようになる．

$$
\begin{Bmatrix} H_1 \\ V_1 \\ M_1 \\ P_{x2} \\ P_{y2} \\ M_{\theta 2} \\ P_{x3} \\ P_{y3} \\ M_{\theta 3} \\ H_4 \\ V_4 \\ M_4 \end{Bmatrix} =
$$

$$
\begin{bmatrix}
k_{11}^1 & k_{12}^1 & k_{13}^1 & k_{14}^1 & k_{15}^1 & k_{16}^1 & & & & & & \\
k_{21}^1 & k_{22}^1 & k_{23}^1 & k_{24}^1 & k_{25}^1 & k_{26}^1 & & & & & & \\
k_{31}^1 & k_{32}^1 & k_{33}^1 & k_{34}^1 & k_{35}^1 & k_{36}^1 & & & & & & \\
k_{41}^1 & k_{42}^1 & k_{43}^1 & k_{44}^1+k_{11}^2 & k_{45}^1+k_{12}^2 & k_{46}^1+k_{13}^2 & k_{14}^2 & k_{15}^2 & k_{16}^2 & & & \\
k_{51}^1 & k_{52}^1 & k_{53}^1 & k_{54}^1+k_{21}^2 & k_{55}^1+k_{22}^2 & k_{56}^1+k_{23}^2 & k_{24}^2 & k_{25}^2 & k_{26}^2 & & & \\
k_{61}^1 & k_{62}^1 & k_{63}^1 & k_{64}^1+k_{31}^2 & k_{65}^1+k_{32}^2 & k_{66}^1+k_{33}^2 & k_{34}^2 & k_{35}^2 & k_{36}^2 & & & \\
& & & k_{41}^2 & k_{42}^2 & k_{43}^2 & k_{44}^2+k_{11}^3 & k_{45}^2+k_{12}^3 & k_{46}^2+k_{13}^3 & k_{14}^3 & k_{15}^3 & k_{16}^3 \\
& & & k_{51}^2 & k_{52}^2 & k_{53}^2 & k_{54}^2+k_{21}^3 & k_{55}^2+k_{22}^3 & k_{56}^2+k_{23}^3 & k_{24}^3 & k_{25}^3 & k_{26}^3 \\
& & & k_{61}^2 & k_{62}^2 & k_{63}^2 & k_{64}^2+k_{31}^3 & k_{65}^2+k_{32}^3 & k_{66}^2+k_{33}^3 & k_{34}^3 & k_{35}^3 & k_{36}^3 \\
& & & & & & k_{41}^3 & k_{42}^3 & k_{43}^3 & k_{44}^3 & k_{45}^3 & k_{46}^3 \\
& & & & & & k_{51}^3 & k_{52}^3 & k_{53}^3 & k_{54}^3 & k_{55}^3 & k_{56}^3 \\
& & & & & & k_{61}^3 & k_{62}^3 & k_{63}^3 & k_{64}^3 & k_{65}^3 & k_{66}^3 \\
\end{bmatrix}
\begin{Bmatrix} u_1 \\ v_1 \\ \theta_1 \\ u_2 \\ v_2 \\ \theta_2 \\ u_3 \\ v_3 \\ \theta_3 \\ u_4 \\ v_4 \\ \theta_4 \end{Bmatrix}
$$

$$\qquad\qquad (5.47a)$$

$$\boldsymbol{P} = \boldsymbol{K}\boldsymbol{d} \qquad\qquad (5.47b)$$

これがラーメン構造としての全体（系）剛性マトリクス $\boldsymbol{K}$ である．$\boldsymbol{P}$ は節点力ベクトル，$\boldsymbol{d}$ は節点変位ベクトルである．

なお，全体剛性マトリクスの作成方法はトラス構造で説明した方法とまったく同じである．つまり，節点間に部材が存在する場合には，全体マトリクスの中の該当する節点位置に要素剛性マトリクスを重ね合わせて配置していけばよい．このようなルールにより，各部材の要素剛性マトリクスは，全体マトリクスに自動的に配置することができる．

■5.3.4 ラーメン構造の解析法

前節で作成した全体剛性マトリクスを使って，図5.14のラーメン構造を解析してみよう．基本的に解き方の流れは5.5節で述べたトラス構造の解析法と同様である．

節点力 $\boldsymbol{P}$ は下記のように二つの部分に分けて考えることができる．

$$
\left\{
\begin{array}{l}
H_1 \\
V_1 \\
M_1 \\
\hline
P_{x2} \\
P_{y2} \\
M_{\theta 2} \\
P_{x3} \\
P_{y3} \\
M_{\theta 3} \\
\hline
H_4 \\
V_4 \\
M_4
\end{array}
\right\}
\quad
\begin{array}{l}
\left.\vphantom{\begin{array}{l}H_1\\V_1\\M_1\end{array}}\right\} \boldsymbol{P}_\mathrm{B} \quad 支点反力（未知数） \\[2em]
\left.\vphantom{\begin{array}{l}P_{x2}\\P_{y2}\\M_{\theta 2}\\P_{x3}\\P_{y3}\\M_{\theta 3}\end{array}}\right\} \boldsymbol{P}_\mathrm{A} \quad 外力（既知数） \\[3em]
\left.\vphantom{\begin{array}{l}H_4\\V_4\\M_4\end{array}}\right\} \boldsymbol{P}_\mathrm{B} \quad 支点反力（未知数）
\end{array}
$$

外力 $\boldsymbol{P}_\mathrm{A}$ は一般的に与えられるので既知数，支点反力 $\boldsymbol{P}_\mathrm{B}$ は未知数である．

同様に，変位 $\boldsymbol{d}$ についても二つの部分に分けて考えられる．

$$
\left\{
\begin{array}{l}
u_1 \\
v_1 \\
\theta_1 \\
\hline
u_2 \\
v_2 \\
\theta_2 \\
u_3 \\
v_3 \\
\theta_3 \\
\hline
u_4 \\
v_4 \\
\theta_4
\end{array}
\right\}
\quad
\begin{array}{l}
\left.\vphantom{\begin{array}{l}u_1\\v_1\\\theta_1\end{array}}\right\} \boldsymbol{d}_\mathrm{B} \quad 支点（既知数） \\[2em]
\left.\vphantom{\begin{array}{l}u_2\\v_2\\\theta_2\\u_3\\v_3\\\theta_3\end{array}}\right\} \boldsymbol{d}_\mathrm{A} \quad 自由節点（未知数） \\[3em]
\left.\vphantom{\begin{array}{l}u_4\\v_4\\\theta_4\end{array}}\right\} \boldsymbol{d}_\mathrm{B} \quad 支点（既知数）
\end{array}
$$

トラスの場合と同様，節点力と変位では既知数と未知数の関係が入れ替わることに注意する．節点変位では支点のほうが既知数であり，固定支点では回転も含めてすべ

ての変位は拘束されているので,

$$u_1 = v_1 = \theta_1 = u_4 = v_4 = \theta_4 = 0 \tag{5.48}$$

$$d_\mathrm{B} = \mathbf{0} \tag{5.49}$$

となる. この関係を用いて, 節点力を既知数を先にもってきて整理すると,

$$\left\{ \begin{array}{c} P_\mathrm{A} \\ P_\mathrm{B} \end{array} \right\} = \left[\begin{array}{cc} K_\mathrm{AA} & K_\mathrm{AB} \\ K_\mathrm{BA} & K_\mathrm{BB} \end{array} \right] \left\{ \begin{array}{c} d_\mathrm{A} \\ \mathbf{0} \end{array} \right\} \tag{5.50}$$

となる. ここで, K_AB, K_BB は $\mathbf{0}$ と乗じる部分なので, 何が入っていても結局 $K_\mathrm{AB}\mathbf{0} = \mathbf{0}$, $K_\mathrm{BB}\mathbf{0} = \mathbf{0}$ となるため, 無視できる.

$$\left\{ \begin{array}{c} P_\mathrm{A} \\ P_\mathrm{B} \end{array} \right\} = \left[\begin{array}{c} K_\mathrm{AA} \\ K_\mathrm{BA} \end{array} \right] d_\mathrm{A} \tag{5.51}$$

P_A の部分だけ抜き出して,

$$P_\mathrm{A} = K_\mathrm{AA} d_\mathrm{A} \tag{5.52}$$

K_AA の逆行列 K_AA^{-1} を両辺の左から掛けると, つぎのようになる.

$$K_\mathrm{AA}^{-1} P_\mathrm{A} = K_\mathrm{AA}^{-1} K_\mathrm{AA} d_\mathrm{A} = d_\mathrm{A} \tag{5.53}$$

$$\therefore d_\mathrm{A} = K_\mathrm{AA}^{-1} P_\mathrm{A} \tag{5.54}$$

これより, 自由節点の変位 d_A が求められる. また, この d_A を用いることで,

$$P_\mathrm{B} = K_\mathrm{AB} d_\mathrm{A} \tag{5.55}$$

より, 支点反力を求めることができる.

トラスの場合と同様, 与えられた条件が十分で構造物が安定であれば, K_AA^{-1} はコンピュータなどを用いて容易に求めることができる.

例題 5.4 図 5.15 のラーメン構造の全体剛性マトリクスを求めよ. なお, $E = 200000\,\mathrm{N/mm^2}$, $A = 12000\,\mathrm{mm^2}$, $I = 3.60 \times 10^7\,\mathrm{mm^4}$ とする.

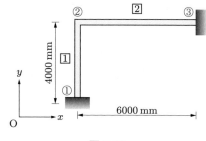

図 5.15

解答 部材$\boxed{1}$, $\boxed{2}$それぞれにおいて，i端からj端に向かう方向に要素座標系$\overline{x}$をとり，要素座標系における要素剛性マトリクス$\overline{\boldsymbol{k}}^1$, $\overline{\boldsymbol{k}}^2$を求めるとつぎのようになる．

$$
\overline{\boldsymbol{k}}^1 = \begin{bmatrix}
6.00 \times 10^5 & 0 & 0 & -6.00 \times 10^5 & 0 & 0 \\
0 & 1.35 \times 10^3 & 2.70 \times 10^6 & 0 & -1.35 \times 10^3 & 2.70 \times 10^6 \\
0 & 2.70 \times 10^6 & 7.20 \times 10^9 & 0 & -2.70 \times 10^6 & 3.60 \times 10^9 \\
-6.00 \times 10^5 & 0 & 0 & 6.00 \times 10^5 & 0 & 0 \\
0 & -1.35 \times 10^3 & -2.70 \times 10^6 & 0 & 1.35 \times 10^3 & -2.70 \times 10^6 \\
0 & 2.70 \times 10^6 & 3.60 \times 10^9 & 0 & -2.70 \times 10^6 & 7.20 \times 10^9
\end{bmatrix}
$$

$$
\overline{\boldsymbol{k}}^2 = \begin{bmatrix}
4.00 \times 10^5 & 0 & 0 & -4.00 \times 10^5 & 0 & 0 \\
0 & 4.00 \times 10^2 & 1.20 \times 10^6 & 0 & -4.00 \times 10^2 & 1.20 \times 10^6 \\
0 & 1.20 \times 10^6 & 4.80 \times 10^9 & 0 & -1.20 \times 10^6 & 2.40 \times 10^9 \\
-4.00 \times 10^5 & 0 & 0 & 4.00 \times 10^5 & 0 & 0 \\
0 & -4.00 \times 10^2 & -1.20 \times 10^6 & 0 & 4.00 \times 10^2 & -1.20 \times 10^6 \\
0 & 1.20 \times 10^6 & 2.40 \times 10^9 & 0 & -1.20 \times 10^6 & 4.80 \times 10^9
\end{bmatrix}
$$

また，部材$\boxed{1}$, $\boxed{2}$それぞれの座標変換マトリクス$\boldsymbol{T}_1$, $\boldsymbol{T}_2$は，全体座標系における部材座標系のなす角$\theta_1 = \pi/2$, $\theta_2 = 0$より，つぎのようになる．

$$
\boldsymbol{T}^1 = \begin{bmatrix}
0.00 & 1.00 & 0 & 0 & 0 & 0 \\
-1.00 & 0.00 & 0 & 0 & 0 & 0 \\
0 & 0 & 1 & 0 & 0 & 0 \\
0 & 0 & 0 & 0.00 & 1.00 & 0 \\
0 & 0 & 0 & -1.00 & 0.00 & 0 \\
0 & 0 & 0 & 0 & 0 & 1
\end{bmatrix}
$$

$$
\boldsymbol{T}^2 = \begin{bmatrix}
1.00 & 0 & 0 & 0 & 0 & 0 \\
0 & 1.00 & 0 & 0 & 0 & 0 \\
0 & 0 & 1 & 0 & 0 & 0 \\
0 & 0 & 0 & 1.00 & 0 & 0 \\
0 & 0 & 0 & 0 & 1.00 & 0 \\
0 & 0 & 0 & 0 & 0 & 1
\end{bmatrix}
$$

これより，つぎのように求められる．

$$
\boldsymbol{k}^1 = \boldsymbol{T}^{1T} \overline{\boldsymbol{k}}^1 \boldsymbol{T}^1
$$

$$
= \begin{bmatrix}
1.35 \times 10^3 & 0 & -2.70 \times 10^6 & 1.35 \times 10^3 & 0 & 2.70 \times 10^6 \\
0 & 6.00 \times 10^5 & 0 & 0 & -6.00 \times 10^5 & 0 \\
-2.70 \times 10^6 & 0 & 7.20 \times 10^9 & 2.70 \times 10^6 & 0 & 3.60 \times 10^9 \\
-1.35 \times 10^3 & 0 & 2.70 \times 10^6 & 1.35 \times 10^3 & 0 & 2.70 \times 10^6 \\
0 & -6.00 \times 10^5 & 0 & 0 & 6.00 \times 10^5 & 0 \\
-2.70 \times 10^6 & 0 & 3.60 \times 10^9 & 2.70 \times 10^6 & 0 & 7.20 \times 10^9
\end{bmatrix}
$$

$$k^2 = T^{2T}\overline{k}^2 T^2$$

$$= \begin{bmatrix} 4.00 \times 10^5 & 0 & 0 & -4.00 \times 10^5 & 0 & 0 \\ 0 & 4.00 \times 10^2 & 1.20 \times 10^6 & 0 & -4.00 \times 10^2 & 1.20 \times 10^6 \\ 0 & 1.20 \times 10^6 & 4.80 \times 10^9 & 0 & -1.20 \times 10^6 & 2.40 \times 10^9 \\ -4.00 \times 10^5 & 0 & 0 & 4.00 \times 10^5 & 0 & 0 \\ 0 & -4.00 \times 10^2 & -1.20 \times 10^6 & 0 & 4.00 \times 10^2 & -1.20 \times 10^6 \\ 0 & 1.20 \times 10^6 & 2.40 \times 10^9 & 0 & -1.20 \times 10^6 & 4.80 \times 10^9 \end{bmatrix}$$

全体剛性マトリクスはつぎのようになる.

$$\boldsymbol{K} = \begin{bmatrix} k_{11}^1 & k_{12}^1 & k_{13}^1 & k_{14}^1 & k_{15}^1 & k_{16}^1 \\ k_{21}^1 & k_{22}^1 & k_{23}^1 & k_{24}^1 & k_{25}^1 & k_{26}^1 \\ k_{31}^1 & k_{32}^1 & k_{33}^1 & k_{34}^1 & k_{35}^1 & k_{36}^1 \\ k_{41}^1 & k_{42}^1 & k_{43}^1 & k_{44}^1+k_{11}^2 & k_{45}^1+k_{12}^2 & k_{46}^1+k_{13}^2 & k_{14}^2 & k_{15}^2 & k_{16}^2 \\ k_{51}^1 & k_{52}^1 & k_{53}^1 & k_{54}^1+k_{21}^2 & k_{55}^1+k_{22}^2 & k_{56}^1+k_{23}^2 & k_{24}^2 & k_{25}^2 & k_{26}^2 \\ k_{61}^1 & k_{62}^1 & k_{63}^1 & k_{64}^1+k_{31}^2 & k_{65}^1+k_{32}^2 & k_{66}^1+k_{33}^2 & k_{34}^2 & k_{35}^2 & k_{36}^2 \\ & & & k_{41}^2 & k_{42}^2 & k_{43}^2 & k_{44}^2 & k_{45}^2 & k_{46}^2 \\ & & & k_{51}^2 & k_{52}^2 & k_{53}^2 & k_{54}^2 & k_{55}^2 & k_{56}^2 \\ & & & k_{61}^2 & k_{62}^2 & k_{63}^2 & k_{64}^2 & k_{65}^2 & k_{66}^2 \end{bmatrix}$$

$$= \begin{bmatrix} 1.35 \times 10^3 & 0 & -2.70 \times 10^6 \\ 0 & 6.00 \times 10^5 & 0 \\ -2.70 \times 10^6 & 0 & 7.20 \times 10^9 \\ -1.35 \times 10^3 & 0 & 2.70 \times 10^6 \\ 0 & -6.00 \times 10^5 & 0 \\ -2.70 \times 10^6 & 0 & 3.60 \times 10^9 \\ & & \end{bmatrix}$$

$$\begin{array}{ccc}
1.35 \times 10^3 & 0 & 2.70 \times 10^6 \\
0 & -6.00 \times 10^5 & 0 \\
2.70 \times 10^6 & 0 & 3.60 \times 10^9 \\
1.35 \times 10^3 + 4.00 \times 10^5 & 0 & 2.70 \times 10^6 \\
0 & 6.00 \times 10^5 + 4.00 \times 10^2 & 1.20 \times 10^6 \\
2.70 \times 10^6 & 1.20 \times 10^6 & 7.20 \times 10^9 + 4.80 \times 10^9 \\
-4.00 \times 10^5 & & \\
& -4.00 \times 10^2 & -1.20 \times 10^6 \\
& 1.20 \times 10^6 & 2.40 \times 10^9
\end{array}$$

$$\begin{array}{ccc}
-4.00 \times 10^5 & & \\
& -4.00 \times 10^2 & 1.20 \times 10^6 \\
& -1.20 \times 10^6 & 2.40 \times 10^9 \\
4.00 \times 10^5 & & \\
& 4.00 \times 10^2 & -1.20 \times 10^6 \\
& -1.20 \times 10^6 & 4.80 \times 10^9
\end{array}\Bigg]$$

$$
=
\begin{bmatrix}
1.35 \times 10^3 & 0 & -2.70 \times 10^6 & 1.35 \times 10^3 & 0 \\
0 & 6.00 \times 10^5 & 0 & 0 & -6.00 \times 10^5 \\
-2.70 \times 10^6 & 0 & 7.20 \times 10^9 & 2.70 \times 10^6 & 0 \\
-1.35 \times 10^3 & 0 & 2.70 \times 10^6 & 4.01 \times 10^5 & 0 \\
0 & -6.00 \times 10^5 & 0 & 0 & 6.00 \times 10^5 \\
-2.70 \times 10^6 & 0 & 3.60 \times 10^9 & 2.70 \times 10^6 & 1.20 \times 10^6 \\
& & & -4.00 \times 10^5 & \\
& & & & -4.00 \times 10^2 \\
& & & & 1.20 \times 10^6 \\
\end{bmatrix}
$$

$$
\begin{bmatrix}
2.70 \times 10^6 & & & \\
0 & & & \\
3.60 \times 10^9 & & & \\
2.70 \times 10^6 & -4.00 \times 10^5 & & \\
1.20 \times 10^6 & & -4.00 \times 10^2 & 1.20 \times 10^6 \\
1.20 \times 10^{10} & & -1.20 \times 10^6 & 2.40 \times 10^9 \\
& 4.00 \times 10^5 & & \\
-1.20 \times 10^6 & & 4.00 \times 10^2 & -1.20 \times 10^6 \\
2.40 \times 10^9 & & -1.20 \times 10^6 & 4.80 \times 10^9 \\
\end{bmatrix}
$$

第6章

圧縮部材および座屈

本章では，圧縮力が作用する部材（圧縮部材という）を対象に，特徴的な現象である座屈について説明する．また，長柱と短柱の違い，断面の核などについて説明する．

6.1 ▶ 圧縮部材とは

図 6.1(a)に示すように，断面に比べて部材が長い場合には，軸方向に圧縮すると，はじめのうちは圧縮荷重に比例して柱は縮んでいくが，ある荷重を越えると突然柱の中央部が横に大きく変形し，荷重を支えられなくなる．この現象を**座屈**（buckling）という．一方，図(b)に示すように，断面に比べて部材が短い場合には，軸方向に圧縮しても座屈は発生せずに，圧縮されて材料強度に達して壊れる．これを**圧壊**（compression failure）という．

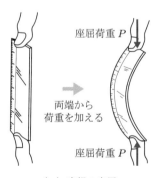

（a）定規の座屈　　　　　　　（b）コンクリートの圧壊

図 6.1　身近な座屈および圧壊現象

建築物において，主として圧縮力を受ける部材は柱であり，座屈を起こす可能性のある柱を**長柱**，座屈せず圧壊するような短い柱を**短柱**という．ただし，実際の柱では，断面形状と部材長さの組み合わせはさまざまあり，簡単に長柱，短柱と区分できないことも多いため，慎重な判断が必要である．

6.2 ▶ 短柱

断面に比べて部材長さが短く，座屈が生じない短柱に関して，圧縮または引張りを受ける場合の応力について説明する．

短柱に圧縮力および引張力が作用すると，軸方向に縮み，伸びが生じる．

図 6.2 のように，断面の図心位置に圧縮力が作用する場合に圧縮応力度を負（−），引張応力度を正（＋）と表記すれば，次式となる．

$$\sigma = \pm \frac{N}{A} \tag{6.1}$$

ここで，σ は応力度（I 巻 9.1.1 項参照），N は軸力，A は断面積である．

図 6.3 では，軸方向に作用する圧縮応力度および引張応力度を示す．

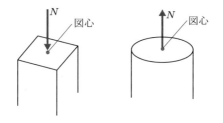

図 6.2　軸方向に作用する圧縮力および引張力

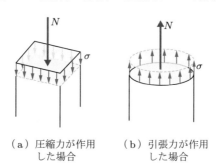

（a）圧縮力が作用
した場合

（b）引張力が作用
した場合

図 6.3　軸方向に作用する応力度分布

■6.2.1　偏心した力を受ける短柱の応力

現実の圧縮部材では，圧縮力が断面の図心にはたらくような状態は少ないと考えたほうがよい．このように，力や荷重が，断面の図心でない位置に作用する荷重を**偏心荷重**（eccentric load）という．また，偏心した力が作用する方向（x 軸方向と y 軸方向）によって，1 方向偏心の場合と 2 方向に偏心した場合がある．断面に偏心圧縮力

が作用すると, 偏心モーメントにより引張応力が発生し, 圧縮力と偏心モーメントの大きさの組み合わせによっては, 断面に引張応力度が生じることがある.

(1) 1 方向に偏心した場合

図 6.4 は, 圧縮力 N が y 軸上にあるが, x 軸からは e_y 離れた位置に作用している. この状態は x 軸に対してだけ偏心しているので, **1 方向偏心**といい, e_y を**偏心距離**という. なお, 添え字の y は y 座標に関することを意味する.

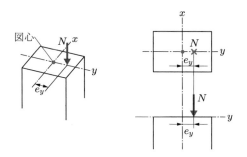

図 6.4 x 軸から偏心して作用する圧縮力

このような状態では, 図 6.5 に示すように, 断面には中心圧縮力 N による圧縮応力度と, N による x 軸まわりモーメント $M_x = Ne_y$ による曲げ応力度が同時に作用していることになり, それぞれの応力状態の和として考えることができる.

図 6.5 複合的に作用する圧縮力

断面が軸方向力と曲げモーメントを受けた場合の応力度分布は断面上の位置によって異なり, 図 6.6 のようになる. ここで, a〜d は柱の四隅の点である.

この四隅の点のそれぞれの応力度は以下のように表される. このとき, 引張りを正とする.

①–a, ①–b, ①–c, ①–d : $\sigma = -\dfrac{N}{A}$

②–a, ②–d : $\sigma = +\dfrac{M_x}{Z_x}$, ②–b, ②–c : $\sigma = -\dfrac{M_x}{Z_x}$

③–a, ③–d : $\sigma = -\dfrac{N}{A} + \dfrac{M_x}{Z_x}$, ③–b, ③–c : $\sigma = -\dfrac{N}{A} - \dfrac{M_x}{Z_x}$

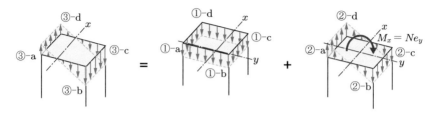

図 6.6　複合的に作用する応力度分布

ここで，Z は曲げモーメントを受ける場合の中立軸に関する断面係数である（I巻9.2.3項参照）．したがって，1方向偏心圧縮力を受ける場合の四隅の応力は，軸方向力 N と曲げモーメント $\pm M$ が別々に作用しているときの垂直応力度をそれぞれ求め，両者を足し合わせればよい．

$$\sigma = -\frac{N}{A} \pm \frac{M}{Z} \tag{6.2}$$

なお，y 軸に対して偏心した場合も同様に考えられる．

例題 6.1　図 6.7 のような偏心圧縮力が作用している柱の断面に生じている最大および最小応力度を求めよ．ただし，引張りを正とする．

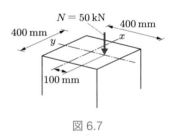

図 6.7

- -

解答　図 6.8 に示すように中心圧縮力 50 kN と偏心により生じる曲げモーメント M とに分けて考える．断面積 A，断面係数 Z，曲げモーメント M はつぎのようになる．

$$A = 400 \times 400 = 160000\,\text{mm}^2 = 1.60 \times 10^5\,\text{mm}^2$$

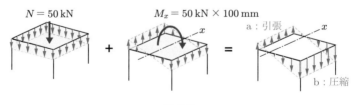

図 6.8

$$Z = \frac{bD^2}{6} = \frac{400 \times 400^2}{6} = 1.07 \times 10^7 \, \text{mm}^3$$

$$M = 50 \times 100 \, \text{kN·mm} = 5.00 \times 10^6 \, \text{N·mm}$$

最大となる応力度は図中の（a：引張）側であり，最小となるのは（b：圧縮）側である．よって，つぎのように求められる．

$$\sigma = -\frac{N}{A} \pm \frac{M_x}{Z_x} = -\frac{5.00 \times 10^4}{1.60 \times 10^5} \pm \frac{5.00 \times 10^6}{1.07 \times 10^7} = -0.3125 \pm 0.4673$$

最大応力度　$-0.3125 + 0.4673 = 0.1548 = 0.155 \, \text{N/mm}^2$　（引張り）

最小応力度　$-0.3125 - 0.4673 = -0.7798 = -0.780 \, \text{N/mm}^2$　（圧縮）

（2）2 方向に偏心した場合

図 6.9 のように，図心を通る断面軸に対し，図心より e_x, e_y 離れた位置に軸力が作用する場合を **2 方向偏心**という．

このような状態の場合では，図 6.10 に示すように，断面には中心圧縮力 N による

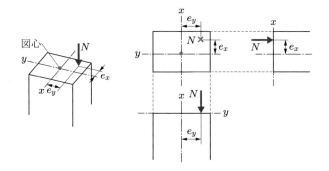

図 6.9　x 軸および y 軸から偏心して作用する圧縮力

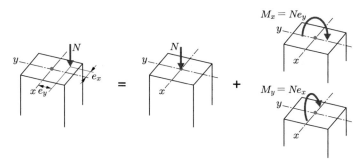

図 6.10　複合的に作用する圧縮力

圧縮応力度と，N による x 軸まわりモーメント $M_x = Ne_y$ による曲げ応力度と y 軸まわりのモーメント $M_y = Ne_x$ による曲げ応力度が別々に作用していることになり，それぞれの応力状態の和として考えることができる．

断面が軸方向力 N と曲げモーメント M_x と M_y を受けた場合の応力度分布は断面上の位置によって異なり図 6.11 のようになる．

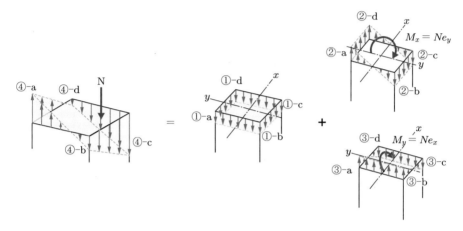

図 6.11　複合的に作用した応力度分布

四隅の点のそれぞれの応力度は以下のように表される．このとき，引張りを正とする．

①–a, ①–b, ①–c, ①–d : $\sigma = -\dfrac{N}{A}$

②–a, ②–d : $\sigma = +\dfrac{M_x}{Z_x}$,　　②–b, ②–c : $\sigma = -\dfrac{M_x}{Z_x}$

③–a, ③–b : $\sigma = +\dfrac{M_y}{Z_y}$,　　③–c, ③–d : $\sigma = -\dfrac{M_y}{Z_y}$

④–a : $\sigma = -\dfrac{N}{A} + \dfrac{M_x}{Z_x} + \dfrac{M_y}{Z_y}$,　　④–b : $\sigma = -\dfrac{N}{A} - \dfrac{M_x}{Z_x} + \dfrac{M_y}{Z_y}$

④–c : $\sigma = -\dfrac{N}{A} - \dfrac{M_x}{Z_x} - \dfrac{M_y}{Z_y}$,　　④–d : $\sigma = -\dfrac{N}{A} + \dfrac{M_x}{Z_x} - \dfrac{M_y}{Z_y}$

したがって，2 方向偏心を受ける場合の四隅の応力は，軸方向力 N と曲げモーメント $\pm M_x$，$\pm M_y$ が別々に作用しているときの垂直応力度をそれぞれ求め，三者を足し合わせればよい．

$$\sigma = -\frac{N}{A} \pm \frac{M_x}{Z_x} \pm \frac{M_y}{Z_y} \tag{6.3}$$

例題 6.2　図 6.12 のような断面の短柱に圧縮力が 2 方向偏心荷重として作用している場合，柱の断面に生じる最大および最小応力度を求めよ．ただし，引張りを正とする．

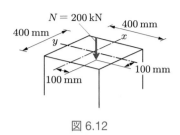

図 6.12

解答　断面積 A，断面係数 Z，曲げモーメント M はつぎのようになる．

$$A = 400 \times 400 = 160000\,\text{mm}^2 = 1.600 \times 10^5\,\text{mm}^2$$

$$Z = \frac{bD^2}{6} = \frac{400 \times 400^2}{6} = 1.067 \times 10^7\,\text{mm}^3$$

なお，正方形なので，$Z_x = Z_y = Z$ となる．

$$M_x = M_y = 200\,\text{kN} \times 100\,\text{mm} = 2.000 \times 10^7\,\text{N·mm}$$

式(6.3)より，圧縮を負として考えると，つぎのように求められる．

$$\sigma = -\frac{N}{A} \pm \frac{M_x}{Z_x} \pm \frac{M_y}{Z_y} = -\frac{2.000 \times 10^5}{1.600 \times 10^5} \pm \frac{2.000 \times 10^7}{1.067 \times 10^7} \pm \frac{2.000 \times 10^7}{1.067 \times 10^7}$$

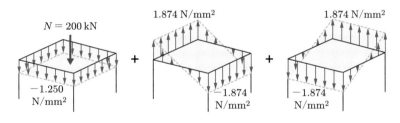

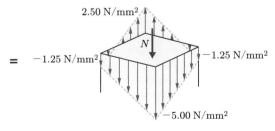

図 6.13

最大応力度　　　$-1.250 + 1.874 + 1.874 = 2.498 = 2.50\,\mathrm{N/mm^2}$　（引張り）

最小応力度　　　$-1.250 - 1.874 - 1.874 = -4.998 = -5.00\,\mathrm{N/mm^2}$　（圧縮）

■6.2.2　断面の核

　断面に偏心圧縮力が作用すると，圧縮力と偏心モーメントの大きさの組み合わせによっては，断面に引張応力度が生じることがあることは前節で説明した．このような偏心圧縮力を受ける断面において，引張応力度の生じない外力の作用範囲を**断面の核**（コア．cross section core）という．

　たとえば，コンクリートは圧縮に強いが引張りに対してはきわめて弱い材料であるため，コンクリートで作った圧縮部材は，偏心による荷重が作用した場合にも，原則として引張応力度が生じないようにする必要がある．このようなとき，断面の核を求めることで，引張力が作用しない適切な作用位置を設定することができる．

（1）1方向に偏心した場合

　圧縮力が1方向に偏心した場合に断面に引張応力が生じない条件について考える．図6.14のような x 軸に対して1方向偏心圧縮の場合の縁応力度は，前項で求めたように，次式で表される．なお，ここでも圧縮を負として表現する．

$$\sigma = -\frac{N}{A} \pm \frac{M}{Z} = -\frac{N}{A} \pm \frac{Ne_y}{Z_x} \tag{6.4}$$

この状態において，縁応力度が引張り（正：+）にならない条件は，つぎのようになる．

$$\sigma = -\frac{N}{A} + \frac{Ne_y}{Z_x} \leqq 0 \tag{6.5}$$

$$-N\left(\frac{1}{A} - \frac{e_y}{Z_x}\right) \leqq 0 \tag{6.6}$$

$$\therefore e_y \leqq \frac{Z_x}{A} \tag{6.7}$$

同様に，図6.15のような y 軸に対して1方向偏心圧縮の場合の縁応力度が引張りにな

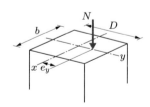

図 6.14　x 軸に対して1方向偏心圧縮が作用する場合

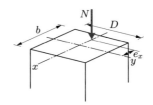

図 6.15　y 軸に対して 1 方向偏心圧縮が作用する場合

らない条件は

$$\therefore e_x \leqq \frac{Z_y}{A} \tag{6.8}$$

となる．ここで，断面を長方形（$A = bD$）と考えれば，x 軸に関して偏心した場合，$Z_x = bD^2/6$，$A = bD$ より，つぎのようになる．

$$e_y \leqq \frac{Z_x}{A} = \frac{bD^2/6}{bD} = \frac{D}{6} \tag{6.9}$$

偏心距離 e_y が $D/6$ 以下であれば，断面に引張応力度は生じないことになる．y 軸に関して偏心した場合も，同様に

$$e_x \leqq \frac{Z_y}{A} = \frac{Db^2/6}{bD} = \frac{b}{6} \tag{6.10}$$

となり，偏心距離 e_x が $b/6$ 以下であれば，断面に引張応力度は生じないことになる．

以上より，x 軸または y 軸上に偏心荷重が作用した場合，引張応力度が生じない範囲は，図 6.16 に示すようになる．

$$-\frac{D}{6} \leqq e_y \leqq \frac{D}{6}, \qquad -\frac{b}{6} \leqq e_x \leqq \frac{b}{6} \tag{6.11}$$

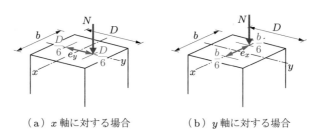

（a）x 軸に対する場合　　　　（b）y 軸に対する場合

図 6.16　1 方向偏心圧縮が作用した場合の範囲

（2）2 方向に偏心した場合

圧縮力が 2 方向に偏心した場合に断面に引張応力が生じない条件について考えよう．

図 6.17 のような 2 方向偏心圧縮の場合の縁応力度が引張り（正：＋）にならない条件は，以下のとおりである．

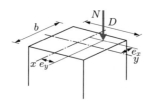

図 6.17　2 方向偏心圧縮が作用する場合

$$\sigma = -\frac{N}{A} + \frac{Ne_y}{Z_x} + \frac{Ne_x}{Z_y} \leqq 0 \tag{6.12}$$

$$\therefore \left(-\frac{1}{A} + \frac{e_y}{Z_x} + \frac{e_x}{Z_y} \right) \leqq 0 \tag{6.13}$$

▶ 断面が長方形（$A = bD$）の場合

長方形の場合，$A = bD$，$Z_x = bD^2/6$，$Z_y = Db^2/6$ であり，式(6.13)に代入すると，式(6.15)が得られる．

$$-\frac{1}{bD} + \frac{e_y}{bD^2/6} + \frac{e_x}{Db^2/6} \leqq 0$$

$$\frac{1}{bD} \left(-1 + \frac{6e_y}{D} + \frac{6e_x}{b} \right) \leqq 0 \tag{6.14}$$

$$\therefore \frac{6e_y}{D} + \frac{6e_x}{b} \leqq 1 \tag{6.15}$$

偏心距離 e_x，$e_y > 0$ とした場合，上式の条件を満たす範囲は図 6.18 に示した部分となる．

　偏心距離 e_x，e_y は正負をとることができるので，これを考慮すると，圧縮力が図 6.18 の濃い青色の範囲に作用している場合は，断面に引張応力度が生じないことになる．この範囲が，矩形断面の核（コア）である．

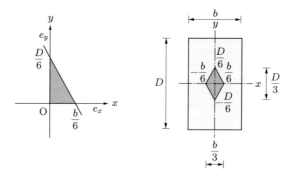

図 6.18　2 方向偏心圧縮が作用する場合

例題 6.3　図 6.19 のような直径 d の円形断面の場合の断面の核を求めよ.

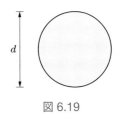

図 6.19

解 答

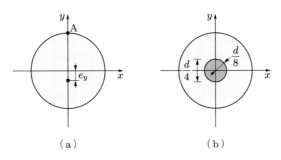

（a）　　　　　　　　（b）

図 6.20

▷ 点 A：

$$\sigma_y \leqq 0 \text{ より, } \sigma_y = -\frac{N}{A} + \frac{Ne_y}{I_x}y \leqq 0$$

$$y = \frac{d}{2}, \ I_x = \frac{\pi d^4}{64}, \ A = \frac{\pi d^2}{4} \text{ より, } e_y \leqq \frac{Z_x}{A} = \frac{\pi d^3/32}{\pi d^2/4} = \frac{d}{8}$$

円形なのでどの点も同様に考えられ，図 6.20(b)のような核となる.

6.3 ▶ 長柱

　6.1 節で説明したように，長柱では，ある荷重を越えると突然柱の中央部が横に大きく変形し，荷重を支えられなくなる座屈現象が生じる（図 6.21）．この座屈が起こるときの圧縮力を**座屈荷重**（buckling load, critical load）という．また，座屈により破壊が起こることを**座屈破壊**という．座屈は，いったん変形が始まるとそれが増幅されて止まることがなく，一気に破壊にまで至ってしまうことが多い.

　座屈は荷重が柱の圧縮強度を超えることで生じるのではなく，柱の形状，材質の不均等さ，ならびに荷重の作用の仕方などによって柱が側方へ湾曲し，変形がさらに進む不安定現象である．座屈は，細くて長い柱や圧縮力を受けるトラス材やブレース材，

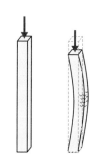

図 6.21 長柱の座屈の状態

薄い板を使用する大型構造物などの設計において考慮することが必要である.

　以下,この座屈はどのような部材にどのような荷重で発生するのかを考える.

■6.3.1 オイラーの座屈荷重の誘導

　中心圧縮力を受ける長柱の座屈荷重はオイラーにより理論づけられた.

　いま,軸力 N がある荷重の大きさに達したとき,図 6.22 に示すように横にたわみ始めたと考え,その状態での釣り合いを考える.下から x の点でのたわみを y とすると,曲げモーメントによる変形について,基本となる微分方程式は次式である(I 巻第 10 章参照).

$$\frac{\mathrm{d}^2 y}{\mathrm{d}x^2} = -\frac{M_x}{EI} \left(= \frac{1}{\rho} \right) \tag{6.16}$$

N を柱が座屈したときの軸力とすると,点 x の曲げモーメント $M_x = Ny$ であるから,式(6.16)は以下のように表せる.

$$\frac{\mathrm{d}^2 y}{\mathrm{d}x^2} = -\frac{M_x}{EI} = -\frac{N}{EI}y$$

$$\frac{\mathrm{d}^2 y}{\mathrm{d}x^2} + \frac{N}{EI}y = 0 \tag{6.17}$$

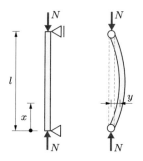

図 6.22 座屈の状態

N/EI を定数と考え，$N/EI = \alpha^2$ $(\alpha > 0)$ とおけば，次式のように表せる．

$$\frac{\mathrm{d}^2 y}{\mathrm{d}x^2} + \alpha^2 y = 0 \tag{6.18}$$

上式は，数学的に 2 階常微分方程式とよばれ，一般解は次式で求められる．

$$y = A_1 \times \sin \alpha x + A_2 \times \cos \alpha x \quad (A_1,\ A_2\ は積分定数) \tag{6.19}$$

上式中の $A_1,\ A_2$ を境界条件により決定すれば，柱のたわみ曲線が得られることになる．
　これ以降に両端の支持条件が違う場合の座屈荷重を説明する．

（1）両端ピン支持の場合（図 6.23）

▶ $x = 0$ において，水平変位が拘束されているため $y = 0$ となり，式(6.19)に代入すると以下を得る．

$$0 = A_1 \times \sin 0 + A_2 \times \cos 0 \quad ゆえに，\ A_2 = 0$$

▶ $x = l$ において，水平変位が拘束されており $y = 0$ となるので，以下を得る．

$$0 = A_1 \times \sin \alpha l + A_2 \times \cos \alpha l \quad ゆえに，\ A_1 \times \sin \alpha l = 0$$

$A_1 \times \sin \alpha l = 0$ の条件を満足するのは，$A_1 = 0$ または，$\sin \alpha l = 0$ であるが，$A_1 = 0$，$A_2 = 0$ の場合には，式(6.19)において，$y = 0$ となり，変形しないことになるので，座屈の条件を満足しない．したがって，両端ピン支持の座屈の状態を表す条件は，$\sin \alpha l = 0$ となる．ここで，$\sin \alpha l = 0$ を満足する αl の値は，$\alpha l = n\pi$ $(n = 1, 2, \ldots)$ となる．すなわち，

$$\alpha = \frac{n\pi}{l} \quad (n = 1, 2, \ldots) \tag{6.20}$$

である．$N/EI = \alpha^2$ と上記の α の条件式より，次式のように表せる

図 6.23　両端ピン支持

$$\alpha^2 = \frac{N}{EI} = \left(\frac{n\pi}{l}\right)^2 \tag{6.21}$$

$l_k = l/n$ とおけば，つぎのようになる．

$$N = \frac{n^2\pi^2}{l^2}EI \tag{6.22}$$

たわみ曲線は式(6.19)より，以下のようになる．

$$y = A_1 \times \sin\alpha x = A_1 \times \sin\left(\frac{n\pi}{l}\right)x \tag{6.23}$$

式(6.22)によれば，座屈荷重 N は n の値に依存して数学的には無数にあることがわかる．ここで，軸力 N を0から次第に増加させていくと，図6.24に示すように，$n=1$ のとき，正弦波で表されるたわみ曲線の半波形に対応した最小荷重で座屈を生じ，このとき $n=2$ の2半波形，$n=3$ の3半波形のたわみ形をとって，座屈が生じることはない．半波形2個，半波形3個のような座屈が生じるのは，それぞれ，柱の中点あるいは1/3点で，たわみが生じないように水平変位の拘束がある場合に限られる．

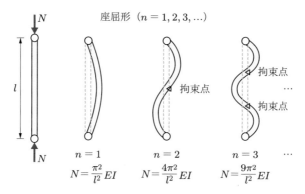

図6.24 両端ピン支持の場合の座屈形状

以上より，両端がピン支持のときの座屈荷重は $n=1$ のときであり，これが座屈荷重 P_{cr} となり，次式で表される．

$$P_{cr} = \frac{\pi^2}{l^2}EI \tag{6.24}$$

ここで，π は円周率，E は部材のヤング係数，I は断面二次モーメント，l は柱の長さである．

上述のような考えが1759年にオイラーによってはじめて示されたので，式(6.24)を**オイラーの座屈荷重式**とよぶ．

式(6.24)をみると，与えられた柱に対する座屈荷重は柱の曲げ剛性 EI に比例し，長

さ l の2乗に逆比例する．さらに注意すべきことは，座屈荷重が材料の圧縮強さに無関係であることである．たとえば，2種類の幾何学的には合同な細長い柱の一方が高強度からなり，他方が普通強度からなっているとき，ヤング係数がほとんど同じであれば，両者は座屈はほとんど同一の荷重で生じる．

（2） 一端固定・他端自由支持の場合（図 6.25）

一端固定，他端自由の座屈では，柱のたわみは図 6.26 の左図のようになる．これは，右図に示すように両端がピン，長さ $2l$ の柱のたわみの中央の点から上端までを取り出した状態に対応している．したがって，式(6.24)において $l \to 2l$ と置き換えた値が座屈荷重となる．なお，このようにさまざまな支持条件における座屈荷重を，式(6.24)の両端ピン条件の座屈荷重式で評価するための座屈長さを**有効座屈長さ** l_k とよぶ．本支持条件では $l_k = 2l$ であるから座屈荷重は以下のようになる．

$$P_{cr} = \frac{\pi^2}{l_k^2} EI = \frac{\pi^2}{(2l)^2} EI = \frac{\pi^2 EI}{4l^2} \tag{6.25}$$

（3） 両端固定支持の場合（図 6.27）

両端固定の座屈では，柱のたわみは図 6.28 の左図のようになる．これは，右図に示

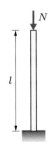

図 6.25　一端固定・他端自由支持

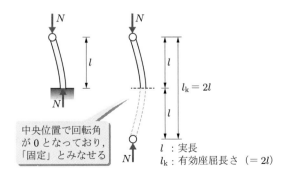

図 6.26　一端固定・他端自由支持の場合の有効座屈長さ

図 6.27 両端固定支持

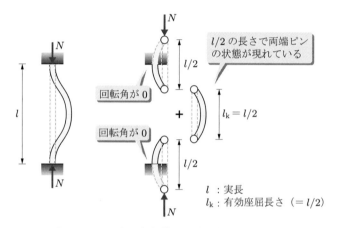

図 6.28 両端固定支持の場合の有効座屈長さ

すように両端ピン，長さ $l/2$ の座屈の形が繰り返し 2 個分現れた状態に対応している．よって，有効座屈長さ $l_\mathrm{k} = l/2$ とおけば，座屈荷重は以下のようになる．

$$P_\mathrm{cr} = \frac{\pi^2}{(l/2)^2} EI = \frac{4\pi^2 EI}{l^2} \tag{6.26}$$

（4） 一端固定・他端ピン支持の場合

一端固定・他端ピンの座屈では，柱のたわみは図 6.29 のようになる．このとき，$l_\mathrm{k} \fallingdotseq 0.7l$ の関係が成立することが知られている．よって，有効座屈長さ $l_\mathrm{k} = 0.7l$ とおけば，座屈荷重は以下のようになる．なお，この場合，ピン支持点の水平変位は拘束されているとする．

$$P_\mathrm{cr} = \frac{\pi^2}{(0.7l)^2} EI \fallingdotseq \frac{\pi^2 EI}{0.49l^2} \tag{6.27}$$

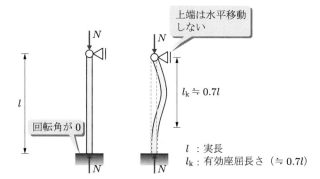

図 6.29　一端固定・他端ピン支持の場合の有効座屈長さ

■6.3.2　骨組の一部材としての柱の座屈

　これまでは，単一部材としての長柱の座屈について説明してきたが，複数の長柱からなるラーメン構造の場合には，梁材の水平方向の移動が拘束されない境界条件に注意して座屈荷重を求める必要がある．図 6.30 に示すような構造では，図(a)のように

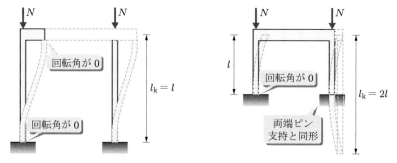

（a）剛体梁に長柱が接続している場合
　　（両端固定支持（水平移動する））

（b）梁（剛性 0）に長柱が接続している場合
　　（柱下端固定・上端ピン支持（水平移動する））

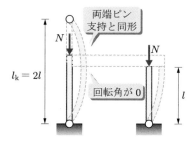

（c）剛体梁に長柱が接続している場合
　　（柱下端ピン・上端固定支持（水平移動する））

図 6.30　骨組の一部材としての座屈形状

梁の曲げ剛性が無限大の場合，つまり剛体梁に長柱が接続している場合には，座屈長さは柱の長さに等しくなる．これは，図 6.31 であらためて説明する．また，図(b)のように梁の剛性が 0 の場合には，柱の上端をピンと見なすことができ，柱の座屈長さは柱の長さの 2 倍になる．さらに，図(c)のように柱脚がピン支持の場合には，剛な梁に対して，柱の座屈長さは同じく柱の長さの 2 倍となる．

図 6.30(a) の場合の座屈荷重を計算してみよう．座屈の形が図 6.31 の中央のようになる．このとき，右図のように両端ピンの座屈のたわみの中央の点から端部までを取り出して上下につなげた状態に対応している．したがって，$l_k = l$ であり，座屈荷重はつぎのようになる．

$$P_{cr} = \frac{\pi^2 EI}{l^2} \tag{6.28}$$

表 6.1 には，以上に示した柱の支持条件による有効座屈長さを示す．

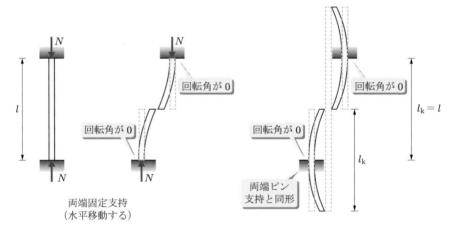

図 6.31 両端固定（水平移動する）の場合の座屈形状

表 6.1 柱の支持条件による有効座屈長さ

材端支持条件	両端ピン	両端固定（水平移動拘束）	一端ピン・他端固定	両端固定（水平移動自由）	一端固定・他端自由
座屈の形（柱の長さ l）	$l_k = l$	$l_k = 0.5l$	$l_k \fallingdotseq 0.7l$	$l_k = l$	$l_k = 2l$
座屈長さ l_k	l	$0.5l$	$0.7l$	l	$2l$

■6.3.3 座屈応力度

座屈荷重時の断面に生じている応力度を**座屈応力度** σ_{cr} といい，座屈荷重 P_{cr} を柱の断面積 A で除した次式で表せる．

$$\sigma_{cr} = \frac{P_{cr}}{A} = \frac{EI\pi^2}{Al_k^2} = \frac{E\pi^2(\sqrt{I/A})^2}{l_k^2} = E\pi^2\left(\frac{i}{l_k}\right)^2 = \frac{E\pi^2}{(l_k/i)^2}$$
$$= \frac{E\pi^2}{\lambda^2} \tag{6.29}$$

ここで，$i\ (=\sqrt{I/A})$ を**断面二次半径**という．断面二次モーメント I は通常，図心を通る軸まわりの最小値をとる．座屈長さ l_k と断面二次半径 i の比 $\lambda = l_k/i$ を**細長比**（slenderness ratio）といい，座屈の起こりやすさの指標である．細長比の値が大きければ座屈を生じやすい．式(6.29)より，座屈応力の定性的な特徴は以下のようになる．

- 材料のヤング係数 E が大きいほど，σ_{cr} は大きくなる．
- 細長比 λ が小さいほど，σ_{cr} は大きくなる．
- 部材の座屈長さ l_k が小さいほど，σ_{cr} は大きくなる．
- 部材断面の断面二次半径 i が大きいほど，σ_{cr} は大きくなる．

例題 6.4 図 6.32 のように A〜C の長さで，それぞれの支持条件の場合の座屈荷重の大小関係を示せ．ただし，すべての柱の材質と断面形状は同じである．

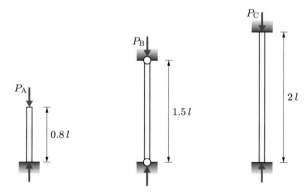

（a）自由支持・固定支持　　（b）両端ピン支持　　（c）両端固定支持
　　　　　　　　　　　　　　（水平移動拘束）　　　（水平移動拘束）

図 6.32

解 答

固定 – 自由　　$P_\mathrm{A} = \dfrac{\pi^2}{4(0.8l)^2}EI = \dfrac{\pi^2 EI}{2.56l^2}$

ピン – ピン　　$P_\mathrm{B} = \dfrac{\pi^2}{(1.5l)^2}EI = \dfrac{\pi^2 EI}{2.25l^2}$

固定 – 固定　　$P_\mathrm{C} = \dfrac{4\pi^2}{(2l)^2}EI = \dfrac{\pi^2 EI}{l^2}$

したがって，$P_\mathrm{C} > P_\mathrm{B} > P_\mathrm{A}$.

例題 6.5　図 6.33 のような A〜C の断面形状をもつ柱頭が自由で，柱脚が固定された長さ l の柱の座屈荷重をそれぞれ，P_A，P_B，P_C としたとき，その大小関係を示せ．ただし，すべての柱の材質は同じで，座屈長さは等しいものとする．

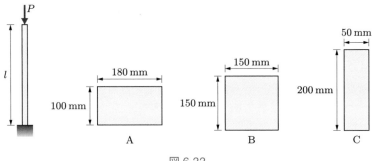

図 6.33

解 答　　座屈荷重（固定 – 自由）はつぎのように表せる．

$$P_\mathrm{cr} = \frac{\pi^2 EI}{4l^2}$$

上式より，断面二次モーメントの違いによってつぎのように座屈荷重が異なることがわかる．なお，I は小さいほうの値で計算する．

$$I_\mathrm{A} = \frac{180 \times 100^3}{12} = 15 \times 10^6 \ \mathrm{mm}^4$$

$$I_\mathrm{B} = \frac{150 \times 150^3}{12} = 42.2 \times 10^6 \ \mathrm{mm}^4$$

$$I_\mathrm{C} = \frac{200 \times 50^3}{12} = 2.08 \times 10^6 \ \mathrm{mm}^4$$

したがって，$P_\mathrm{B} > P_\mathrm{A} > P_\mathrm{C}$.

演習問題 ▶

6.1 図 6.34 のような側面に切込みをもつ短柱がある．断面は一辺 D
の正方形で，圧縮荷重 P は断面の図心位置に軸方向に作用している．
（1）切込み部断面 m-n に生じる最大圧縮応力度を求めよ．
（2）切込み部断面 m-n 上で応力度が 0 となる点（図心からの距離）を
求めよ．

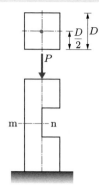

図 6.34

6.2 図 6.35 に示す一辺の長さ D の正方形断面の短柱が
ある．頂点 b に荷重 P が作用するとき，断面の各頂点 a，
c，d に生じる応力を求めよ．

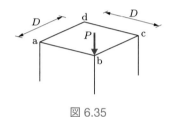

図 6.35

6.3 図 6.36 に示す I 形断面における断面の核を求めよ．

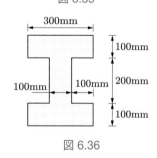

図 6.36

6.4 図 6.37 のような支持条件でそれぞれ違った断面をもつ A から D の柱の座屈荷重を求
め，大きい順に並べよ．ただし，すべての柱の材質は同一とする．

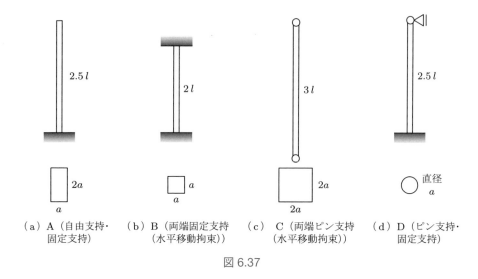

図 6.37

6.5 図 6.38 のようなトラス構造の節点 D に鉛直下向きに荷重 P が作用している。荷重 P の大きさを徐々に増加させていくと，ある部材が座屈を生じた。このとき，最初に座屈が生じた部材とそのときの荷重を求めよ。ただし，すべての部材の材質は同一とし，部材 AD の長さを l とし，曲げ剛性を EI とする。

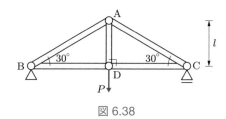

図 6.38

第7章

骨組の弾塑性性状

これまで説明したように，建物の骨組や部材に荷重を作用させると，応力や変形が生じる．その荷重を除けば（除荷とよぶ），骨組や部材の応力と変形が元に戻る性質を**弾性**（elasticity．1.1 節参照）とよんだ．それでは，荷重が次第に大きくなると何が起こるのか．荷重を受ける部材には，やがて局所的に損傷（たとえば，鉄筋コンクリート造ならひび割れなど）が生じる．この時点で除荷しても応力と変形は元には戻らない．この状態を**塑性**（plasticity）とよぶ．荷重がさらに大きくなるといずれその部材は壊れる．6.1 節の座屈破壊や圧壊はその例である．部材が壊れると，最悪の場合は建物が崩壊し，その中の人々の生命を脅かすことになる．したがって，骨組や部材について，弾性に加えて塑性を含めた性質，すなわち，弾塑性性状を知り，破壊に至る状況を把握しておくことが，建物の崩壊を防ぐために重要である．

本章では，部材の弾塑性性状を解説し，建物や骨組が崩壊に至るプロセスや崩壊時の荷重についての考え方を示す．

7.1 ▶ 部材の弾塑性性状と塑性ヒンジ

中央に集中荷重 P を受ける図 7.1(a) に示す梁を例に考える．図に，曲げモーメント図を併せて示す．荷重 P を 0 から漸増させると，中央部における曲げモーメント M も漸増して，中央部のたわみ δ は 0 から次第に増加する．このときの曲げモーメント M とたわみ δ の関係は，図(b) に示すような曲線となる．これを**履歴曲線**（hysteresis curve）とよぶ．P が十分大きい場合には，途中の点 A で除荷すると，原点には戻らずたわみが残り，これを**残留たわみ**（permanent deformation）とよぶ．この曲げモーメント M とたわみ δ の履歴曲線が梁の弾塑性性状を表す．

計算を簡略化するために，履歴曲線を単純なモデルに置き換える場合が多い．その例を図 7.2(a) に示す．実際の履歴曲線を 2 本の直線で近似したモデルをバイリニア・モデルとよび，図(a) の場合，2 本目の線が横軸と並行であり，完全弾塑性モデルともよぶ．このとき，直線の折れ点を**降伏点**（yield point）といい，それ以前が弾性範囲

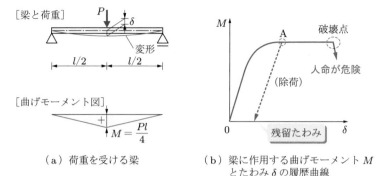

[梁と荷重]

変形

[曲げモーメント図]

$M = \dfrac{Pl}{4}$

（a）荷重を受ける梁

（b）梁に作用する曲げモーメント M とたわみ δ の履歴曲線

図7.1　漸増荷重を受ける梁の挙動

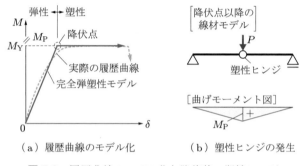

（a）履歴曲線のモデル化

（b）塑性ヒンジの発生

図7.2　履歴曲線のモデル化と降伏後の塑性ヒンジ

で、それ以降が塑性範囲となる。降伏点位置における曲げモーメントを**降伏モーメント**（yield moment）M_Y とよび、部材の全断面が塑性化する（全塑性という）ときの曲げモーメントを**全塑性モーメント**（full plastic moment）M_P とよぶ。完全弾塑性モデルの場合、図(a)のように $M_Y = M_P$ であり、この部材が負担することのできる最大の曲げモーメントを表す。降伏点以降は、たわみが進行しても、曲げモーメントは増えず、全塑性モーメントを維持する。したがって、降伏点以降の梁の曲げモーメント図は図(b)に示す状態となり、載荷点位置で全塑性モーメント M_P を保持したままでたわみが進行し、その点を中心に部材が回転を起こすようにみえる。そこで、全塑性モーメントに到達した時点で、図(b)のように、梁の載荷点位置に**塑性ヒンジ**（plastic hinge）を想定する。通常のヒンジは曲げモーメントを負担せずに回転するが、塑性ヒンジは全塑性モーメントの値を保持したまま回転する特殊なヒンジと考えればよい。また、部材における塑性ヒンジの位置が曲げで塑性化した箇所を表すこととなる。したがって、過大な荷重を受ける建築物の崩壊を検討するには、部材ごとに全塑性モーメントを把握して、応力状態との比較から、塑性ヒンジが発生する位置を調べる必要がある。

　弾性範囲における応力や変形の計算では，部材の断面積 A や断面二次モーメント I を一定値として考えた．塑性化した後はひび割れなどの損傷で部材断面が影響を受け，これらの値は変化することがある．部材が曲げではなく，せん断力や圧縮力で壊れると，建築物の急激な崩壊を招く恐れがあることから，今日では設計時に避けるべき破壊形式とされている．そこで，これ以降では，曲げによる損傷を主対象として説明する．

7.2 ▶ 全塑性モーメントの求め方

　図 7.3 に示すような矩形断面の梁において，中央部の微小区間は曲げモーメントを受けて図のように変形し，断面の上側は圧縮で縮み，下側は引張りで伸びる．このとき，梁の断面は平面を保持して変形すると考え，断面におけるひずみ度が図のとおり直線的に分布すると想定する．ひずみ度が 0 の位置を中立軸とよぶ．ここで，梁の材料の応力度–ひずみ度の関係は，図 7.4 に示すように，引張りと圧縮で同じ挙動の完全弾塑性モデルを考える．図のように材料の特性においても，原点から伸びる直線の折れ点が降伏点であり，そのときの応力度を**降伏強度** σ_Y，ひずみ度を**降伏ひずみ度** ε_Y とよぶ．降伏点までの弾性の範囲では，応力度とひずみ度は比例関係にあり，次式が成り立つ．

$$\sigma = E\varepsilon \quad (弾性範囲) \tag{7.1}$$

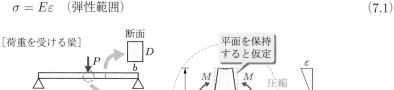
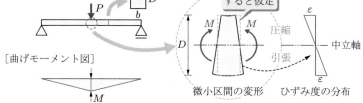

図 7.3　荷重を受ける梁における断面の変形とひずみ度分布

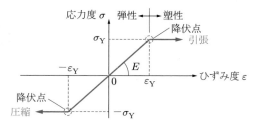

図 7.4　材料の応力度 σ–ひずみ度 ε の関係

一方，塑性範囲では，応力度はひずみ度によらず一定値となるので次式が成り立つ.

$$\sigma = \sigma_Y \quad （塑性範囲） \tag{7.2}$$

ここで，σ は応力度，E はヤング係数，ε はひずみ度，σ_Y は降伏強度である.

　全断面が弾性であるときのひずみ度と応力度の分布を図 7.5(a) に示す. 式(7.1)の関係から応力度の分布はひずみ度と同様に三角形となる. 断面端の応力度の大きさを図のように σ とすると，圧縮合力 C と引張合力 T は三角形状の応力度分布から，次式のように求めることができる.

$$C = T = \left(b \times \frac{D}{2} \times \sigma \right) \times \frac{1}{2} = \frac{bD}{4}\sigma \tag{7.3}$$

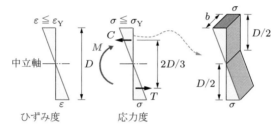

（a）弾性時のひずみ度と応力度の分布

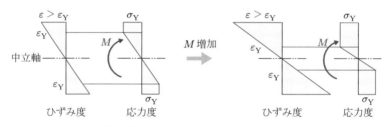

（b）塑性化後のひずみ度と応力度の分布

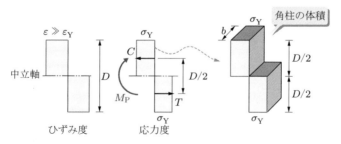

（c）全塑性時のひずみ度と応力度の分布

図 7.5　曲げモーメントの増大によるひずみ度と応力度分布の変化

そして，断面における曲げモーメントの釣り合いから次式の関係が得られる．

$$M = C\frac{2D}{3} = \underbrace{\frac{bD^2}{6}}\sigma = Z\sigma \tag{7.4}$$

矩形断面の断面係数 Z

ここで，式中の Z は断面係数である（I 巻 9.2 節参照）．荷重 P の漸増で曲げモーメント M が増加し，断面端で $\sigma = \sigma_Y$ となるときの曲げモーメント M_Y は次式で表せ，これ以降で断面の塑性化が生じる．

$$M_Y = Z\sigma_Y \tag{7.5}$$

曲げモーメント M が増すと，図 7.5(b) に示すようにひずみ度は直線的に増加するが，ひずみ度が ε_Y を超えた範囲の応力度は降伏強度 σ_Y で一定となる．さらに曲げモーメント M が増すと，図 7.5(c) に示す全塑性状態となる．中立軸より上側の断面は圧縮で，下側は引張りで全面が降伏強度 σ_Y に達して，合力の C と T は次式となる．

$$C = T = b \times \frac{D}{2} \times \sigma_Y = \frac{bD}{2}\sigma_Y \tag{7.6}$$

断面における曲げモーメントの釣り合いから，次式の関係が得られる．

$$M_P = C\frac{D}{2} = \frac{bD^2}{4}\sigma_Y = Z_P\sigma_Y \tag{7.7}$$

このとき，断面が矩形の場合，次式で表される Z_P を塑性断面係数とよぶ．

$$Z_P = \frac{bD^2}{4} \tag{7.8}$$

すなわち，塑性断面係数 Z_P に降伏強度 σ_Y を掛けることで，全塑性モーメント M_P を算出できる．

例題 7.1 図 7.6 に示すような矩形断面について，塑性断面係数 Z_P を求めよ．

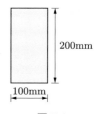

200mm

100mm

図 7.6

解答 $b = 100\,\text{mm}$，$D = 200\,\text{mm}$．矩形断面だから，式 (7.8) よりつぎのように求められる．

$$Z_P = \frac{bD^2}{4} = \frac{100 \times 200^2}{4} = 10^6\,\text{mm}^3$$

例題 7.2 図 7.7 に示すような I 形断面について,塑性断面係数 Z_P を求めよ.

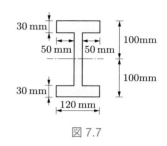

図 7.7

解 答 対象軸が同じならば,図 7.8 のように塑性断面係数の加減算ができる.よって,式 (7.8) よりつぎのように求められる.

$$Z_\mathrm{P} = \frac{120 \times 200^2}{4} - \frac{50 \times 140^2}{4} \times 2$$
$$= 7.10 \times 10^5 \, \mathrm{mm}^3$$

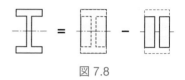

図 7.8

例題 7.3 図 7.9 に示すような片持ち梁について,全塑性モーメント M_P と,その状態に達するときの荷重 P を求めよ.なお,梁は材長 $l = 3\,\mathrm{m}$,降伏強度 $\sigma_\mathrm{Y} = 300\,\mathrm{N/mm}^2$,塑性断面係数 $Z_\mathrm{P} = 2.50 \times 10^5 \, \mathrm{mm}^3$ とする.

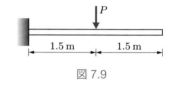

図 7.9

解 答
$$M_\mathrm{P} = Z_\mathrm{P}\sigma_\mathrm{Y} = 2.5 \times 10^5 \times 300$$
$$= 75 \times 10^6 \, \mathrm{N \cdot mm} = 75 \, \mathrm{kN \cdot m}$$

図 7.10(a) のとおり,曲げモーメントは左端で最大となり,この位置で全塑性モーメント M_P に達する.よって,つぎのように求められる.

$$\frac{Pl}{2} = M_\mathrm{P}$$
$$\rightarrow \quad P = \frac{2M_\mathrm{P}}{l} = \frac{2 \times 75}{3} = 50 \, \mathrm{kN}$$

このとき,図 7.10(b) に示すように塑性ヒンジが生じる.

（a）曲げモーメント図（M 図）

（b）塑性ヒンジの位置

図 7.10

7.3 ▶ 崩壊荷重と崩壊メカニズム

部材や骨組，建物において，作用する荷重が増大すると，順次，塑性ヒンジが生じ，やがて崩壊に至る．このように崩壊に達するまで塑性ヒンジが生じた状態を**崩壊メカニズム**（collapse mechanism，崩壊機構，崩壊形，メカニズムともよぶ）とよび，このときの荷重が**崩壊荷重**（collapse load）である．例題 7.3 の片持ち梁の場合，図 7.11 に示すように，$P = 50\,\mathrm{kN}$ に達すると，梁の左端に塑性ヒンジが生じる．すると，この梁はこれ以上の荷重を支えられなくなり崩壊する．よって，左端に塑性ヒンジが生じた状態がこの梁の崩壊メカニズムで，崩壊荷重は 50 kN である．

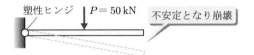

図 7.11　片持ち梁（例題 7.3）の崩壊メカニズム

例題 7.4　図 7.12 に示すような単純梁の崩壊メカニズムと崩壊荷重を求めよ．

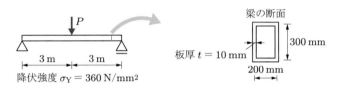

図 7.12

解答　塑性断面係数 Z_P，全塑性モーメント M_P はつぎのように求められる．

$$Z_\mathrm{P} = \frac{200 \times 300^2}{4} - \frac{180 \times 280^2}{4} = 9.72 \times 10^5\,\mathrm{mm}^3$$

$$M_\mathrm{P} = Z_\mathrm{P}\sigma_\mathrm{Y} = 9.72 \times 10^5 \times 360$$

$$= 350 \times 10^6\,\mathrm{N\cdot mm} = 350\,\mathrm{kN\cdot m}$$

図 7.13(a) のように，曲げモーメントは中央で最大となる．よって，つぎのように求められる．

$$\frac{Pl}{4} = M_\mathrm{P}$$

崩壊荷重 $P = \dfrac{4M_\mathrm{P}}{l} = \dfrac{4 \times 350}{6} = 233\,\mathrm{kN}$

塑性ヒンジが中央に発生し，これ以上の荷重は支えられなくなる．よって，崩壊メ

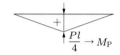

（a）曲げモーメント図（M 図）

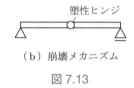

（b）崩壊メカニズム

図 7.13

カニズムは図 7.13(b) のとおりである.

不静定次数の高い骨組の場合，崩壊メカニズムと崩壊荷重を求める方法として，荷重増分法，節点振り分け法，仮想仕事法がある．順に説明していこう.

■7.3.1 荷重増分法

荷重増分法とは，部材や骨組に与える荷重を 0 から次第に増やし，そのつど応力解析を行って，順次発生する塑性ヒンジの位置を把握していく方法である．この手順を，図 7.14(a) に示す 1 次不静定の梁を例に説明していこう．この梁の全塑性モーメントは M_P であり，荷重 P が 0 から漸増すると考える.

弾性時の曲げモーメント分布を第 2 章の応力法で求めると，図 7.14(b) のようになり，右端の点 C での曲げモーメントが最大で $3Pl/16$ となる.

この状態から荷重 P が増すと，図 7.14(c) のように点 C に塑性ヒンジが発生する．このとき，$M_P = 3Pl/16$ であるから荷重は $P = 16M_P/3$ となる．この荷重に対応する点 B の曲げモーメントは $5l/32 \times 16M_P/3l = 5M_P/6$ であり，全塑性モーメントに達しておらず，曲げモーメント分布は図 (d) となる.

さらに荷重が増すと，図 7.14(e) のように点 B にも塑性ヒンジが発生し，これ以上の荷重は支えられなくなる．この状態が崩壊メカニズムであり，曲げモーメントは図 (f) となる．曲げモーメントとせん断力の関係（式 (3.19) 参照）から，梁左側のせん断力 Q_{AB} と右側のせん断力 Q_{BC} はつぎのように求めることができる.

$$Q_{AB} = -\frac{0 - M_P}{l/2} = \frac{2M_P}{l}, \qquad Q_{BC} = -\frac{M_P + M_P}{l/2} = -\frac{4M_P}{l}$$

点 A と点 C の鉛直反力 V_A，V_C は各せん断力 Q_{AB}，Q_{BC} との関係から，つぎのように算出することができる.

$$V_A = Q_{AB} = \frac{2M_P}{l}, \qquad V_C = -Q_{BC} = \frac{4M_P}{l}$$

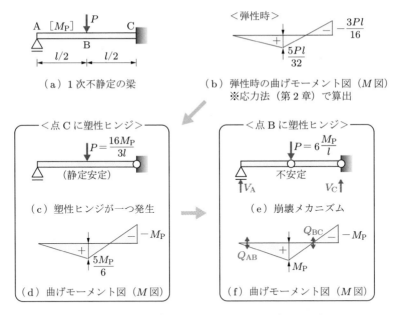

図 7.14　荷重増分法による崩壊メカニズムの形成

図 7.14(e) に示す鉛直方向の力の釣り合いから，この梁の崩壊荷重 P は以下のとおりに求めることができる．

$$P = V_A + V_C = \frac{2M_P}{l} + \frac{4M_P}{l} = \frac{6M_P}{l}$$

荷重増分法では，塑性ヒンジの形成が順次にわかり，部材や骨組が損傷を受けて崩壊に至るまでの過程を確認できる．ただし，複数回の応力解析が必要となるため，手計算には不向きな方法である．このため，コンピュータの解析ソフトウェアを用いて実行するのが一般的である．

■7.3.2　節点振り分け法

節点振り分け法とは，骨組の節点ごとに塑性ヒンジの位置を簡易的に決めて，骨組全体の崩壊メカニズムを定める手法である．図 7.15 に示す水平荷重が作用する骨組から抜き出した十字形接合部を例に考えてみよう．図(a) のとおり，部材 4 本が剛接合された節点では，梁の曲げモーメントの和と柱の曲げモーメントの和が等しくなる場合が一般的である．ここで，図の下に示す記号で各部材の全塑性モーメントを考える．図(b) のように，梁の全塑性モーメントの和が柱の全塑性モーメントの和を下回る場合，先に梁が全塑性モーメントに達して塑性化することから，梁端に塑性ヒンジを想定する．一方，図(c) のように，梁の全塑性モーメントの和が柱の全塑性モーメントの

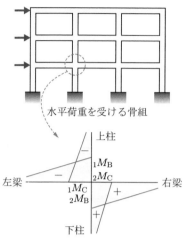

水平荷重を受ける骨組

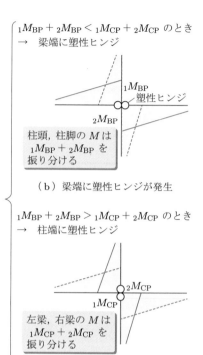

$_1M_{BP} + _2M_{BP} < _1M_{CP} + _2M_{CP}$ のとき
→ 梁端に塑性ヒンジ

$_1M_{BP}$ 塑性ヒンジ

$_2M_{BP}$

柱頭，柱脚の M は $_1M_{BP} + _2M_{BP}$ を振り分ける

（b）梁端に塑性ヒンジが発生

$_1M_{BP} + _2M_{BP} > _1M_{CP} + _2M_{CP}$ のとき
→ 柱端に塑性ヒンジ

$_2M_{CP}$

$_1M_{CP}$

左梁，右梁の M は $_1M_{CP} + _2M_{CP}$ を振り分ける

（c）柱端に塑性ヒンジが発生

上柱

$_1M_B$

左梁 $_2M_C$ 右梁

$_1M_C$
$_2M_B$

下柱

節点で曲げモーメント（M）が釣り合う
→ $_1M_B + _2M_B = _1M_C + _2M_C$
（梁の M の和）（柱の M の和）

＜部材の全塑性モーメント（M_P）＞
　左梁：$_1M_{BP}$，右梁：$_2M_{BP}$
　上柱：$_1M_{CP}$，下柱：$_2M_{CP}$

（a）節点における曲げモーメントの釣り合い

図 7.15　節点振り分け法による塑性ヒンジ位置の想定

和を上回る場合，柱端に塑性ヒンジを想定する．部材が2本のL形接合部，3本のT形接合部やト形接合部でも同様の手順で塑性ヒンジを定める．また，柱の脚部が基礎固定の場合は，柱の脚部に塑性ヒンジを想定する．骨組のすべての節点について，この作業を行い，塑性ヒンジ位置を決めることで，骨組の崩壊メカニズムを把握することができる．なお，接合部が壊れることは，構造設計で許容しないため，ここでは梁または柱の端部に塑性ヒンジが発生すると考える．

　図7.15に示したとおり，塑性ヒンジが生じた部材の端部は全塑性モーメントとなる．一方，塑性ヒンジができない材端の曲げモーメントは，節点での釣り合いを考え，塑性ヒンジとなった部材の全塑性モーメントの和を負担させる．複数の部材に振り分ける方法として，均等に分担，剛比に応じて分担，弾性時の曲げモーメント分布に比例させて分担，などが挙げられるが，いずれも近似法である．このように，節点振り分け法を用いて，骨組の崩壊メカニズムとそのときの部材の応力および崩壊荷重を求めることができる．ただし，塑性ヒンジが発生する順序や崩壊に至る過程は把握できない．

例題 7.5 図 7.16 に示すような水平荷重を受ける骨組を対象として, 節点振り分け法を用いて崩壊メカニズムを把握し, 崩壊荷重を求めよ.

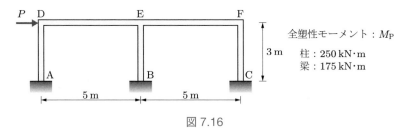

全塑性モーメント : M_P

柱 : 250 kN·m
梁 : 175 kN·m

図 7.16

解答 節点ごとに塑性ヒンジの位置を考える.

▶ 点 D (L 形接合部):

左梁はなく $_1M_\mathrm{BP} = 0$, 右梁の $_2M_\mathrm{BP} = 175\,\mathrm{kN\cdot m}$

　$\rightarrow$　$_1M_\mathrm{BP} + {_2M_\mathrm{BP}} = 175\,\mathrm{kN\cdot m}$

上柱はなく $_1M_\mathrm{CP} = 0$, 下柱の $_2M_\mathrm{CP} = 250\,\mathrm{kN\cdot m}$

　$\rightarrow$　$_1M_\mathrm{CP} + {_2M_\mathrm{CP}} = 250\,\mathrm{kN\cdot m}$

よって, $_1M_\mathrm{BP} + {_2M_\mathrm{BP}} < {_1M_\mathrm{CP}} + {_2M_\mathrm{CP}}$ となり, 梁左端に塑性ヒンジ.

▶ 点 E (T 形接合部):

$$_1M_\mathrm{BP} + {_2M_\mathrm{BP}} = 175 + 175 = 350\,\mathrm{kN\cdot m},$$

$$_1M_\mathrm{CP} + {_2M_\mathrm{CP}} = 0 + 250 = 250\,\mathrm{kN\cdot m}$$

よって, $_1M_\mathrm{BP} + {_2M_\mathrm{BP}} > {_1M_\mathrm{CP}} + {_2M_\mathrm{CP}}$ となり, 柱上端に塑性ヒンジ.

▶ 点 F (L 形接合部):点 D と同様であり, 梁右端に塑性ヒンジ.

▶ 点 A, B, C (柱脚部):基礎固定だから, 柱脚部に塑性ヒンジ.

以上より, 塑性ヒンジは図 7.17(a) の位置に生じて, 崩壊メカニズムに至る. よって, 図 (a) が崩壊メカニズムである. 節点での釣り合いを考え, 崩壊メカニズム時の曲げモーメント図は図 (b) のように求められ, 各柱のせん断力の大きさはつぎのようになる.

$$Q_\mathrm{AD} = Q_\mathrm{CF} = \frac{175 + 250}{3} = 142\,\mathrm{kN}, \qquad Q_\mathrm{BF} = \frac{250 + 250}{3} = 167\,\mathrm{kN}$$

したがって, 崩壊荷重 P はつぎのように求められる.

$$P = Q_\mathrm{AD} + Q_\mathrm{BF} + Q_\mathrm{CF} = 451\,\mathrm{kN}$$

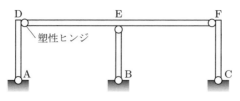

（a）崩壊メカニズム

（b）曲げモーメント図（M図）

図 7.17

■7.3.3　仮想仕事法

　仮想仕事法とは，仮想仕事の原理（第 1 章参照）を応用して，部材や骨組の崩壊荷重を求める手法である．仮想仕事の原理では，つぎの関係が成り立つ．

$$[\text{外力による仮想仕事 } W] = [\text{内力による仮想仕事 } U]$$

なお，仮想仕事法を適用するためには，節点振り分け法などを用いて，事前に塑性ヒンジの位置を決めて崩壊メカニズムを定めておく必要がある．

　図 7.18 に示すような両端固定梁を例に仮想仕事法の手順を説明する．図(a)に対象の両端固定梁を示す．同梁の全塑性モーメントは M_P である．この梁の塑性ヒンジ位置と崩壊メカニズムを図(b)と想定すると，このときの曲げモーメント分布は図(c)となる．ここで，図(b)において梁に仮想変形を与え，図のとおり載荷点の仮想変位 $\overline{\delta}$ とし，塑性ヒンジ位置の仮想回転角 $\overline{\theta_\mathrm{A}}$，$\overline{\theta_\mathrm{B}}$，$\overline{\theta_\mathrm{C}}$ を考える．すると，幾何学的関係と仮想仕事の原理から，図に示すとおりに崩壊荷重を算出することができる．

　幾何学的な関係から，

$$\overline{\delta} = \overline{\theta_\mathrm{A}} \times \frac{l}{3} \quad \rightarrow \quad \overline{\theta_\mathrm{A}} = \frac{3\overline{\delta}}{l}, \qquad \overline{\delta} = \overline{\theta_\mathrm{C}} \times \frac{2l}{3} \quad \rightarrow \quad \overline{\theta_\mathrm{C}} = \frac{3\overline{\delta}}{2l}$$

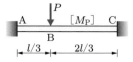

（a）対象の両端固定梁

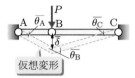

（b）崩壊メカニズムと仮想変形

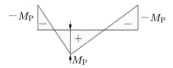

（c）曲げモーメント図（M図）

図 7.18　仮想仕事法による崩壊荷重の算定

$$\overline{\theta_{\mathrm{B}}} = \overline{\theta_{\mathrm{A}}} + \overline{\theta_{\mathrm{C}}} = \frac{3\bar{\delta}}{l} + \frac{3\bar{\delta}}{2l} = \frac{9\bar{\delta}}{2l}$$

となり，外力による仮想仕事 W と内力による仮想仕事 U はつぎのように求められる.

$$W = \sum P\bar{\delta} = P\bar{\delta}$$

$$\begin{aligned}
U &= \sum M_{\mathrm{P}}\bar{\theta} \\
&= M_{\mathrm{P}}\overline{\theta_A} + M_{\mathrm{P}}\overline{\theta_{\mathrm{B}}} + M_{\mathrm{P}}\overline{\theta_{\mathrm{C}}} \\
&= M_{\mathrm{P}}\left(\overline{\theta_{\mathrm{A}}} + \overline{\theta_{\mathrm{B}}} + \overline{\theta_{\mathrm{C}}}\right) \\
&= M_{\mathrm{P}}\left(\frac{3\bar{\delta}}{l} + \frac{9\bar{\delta}}{2l} + \frac{3\bar{\delta}}{2l}\right) = 9\frac{M_{\mathrm{P}}\bar{\delta}}{l}
\end{aligned}$$

仮想仕事の原理から $W = U$ なので，

$$P\bar{\delta} = 9\frac{M_{\mathrm{P}}\bar{\delta}}{l}$$

となる. したがって，崩壊荷重 P はつぎのように求められる.

$$P = 9\frac{M_{\mathrm{P}}}{l}$$

例題 7.6 図 7.19 に示すような水平荷重を受ける 2 層骨組について，崩壊荷重を求めよ．

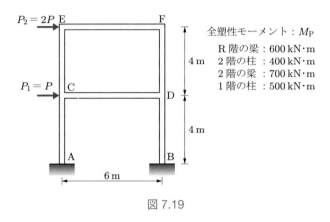

全塑性モーメント：M_P

R 階の梁：600 kN·m
2 階の柱：400 kN·m
2 階の梁：700 kN·m
1 階の柱：500 kN·m

図 7.19

解答 まず，節点振り分け法で塑性ヒンジ位置を決める．

▶ 点 E，F：

梁：M_P の和 $= 600$ kN·m， 柱：M_P の和 $= 400$ kN·m

よって，柱上端に塑性ヒンジ．

▶ 点 C，D：

梁：M_P の和 $= 700$ kN·m， 柱：M_P の和 $= 400 + 500 = 900$ kN·m

よって，梁両端に塑性ヒンジ．

▶ 点 A，B：柱脚に塑性ヒンジ．

以上より，図 7.20(a) が崩壊メカニズムとなる．崩壊メカニズム時の曲げモーメント図を求めると，図(b)のとおり，2 階柱脚と 1 階柱頭の値が不明となる．したがって，柱のせん断力を求めることができず，このままでは崩壊荷重を計算することはできない．

そこで，図 7.20(c) のように仮想変形を想定して，仮想仕事法を適用する．このとき，幾何学的な関係から，各塑性ヒンジ位置の仮想回転角は図のとおり，すべてが $\bar{\theta}$ となる．

1 層と 2 層の仮想の水平変位 $\overline{\delta_1}$，$\overline{\delta_2}$ は以下で与えられる．

$$\overline{\delta_2} = \bar{\theta} \times 2h = 8\bar{\theta}, \qquad \overline{\delta_1} = \bar{\theta} \times h = 4\bar{\theta}$$

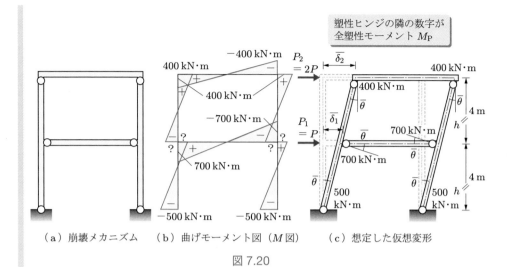

（a）崩壊メカニズム　（b）曲げモーメント図（M図）　（c）想定した仮想変形

図 7.20

よって，外力による仮想仕事 W は，つぎのように整理できる.

$$W = \sum P\overline{\delta} = P_1\overline{\delta_1} + P_2\overline{\delta_2} = P \times 4\overline{\theta} + 2P \times 8\overline{\theta} = 20P\overline{\theta}$$

一方，内力による仮想仕事 U は，塑性ヒンジごとに図中に示した全塑性モーメント M_P の値と仮想回転角 $\overline{\theta}$ と掛け合わせて合算して，つぎのように求められる.

$$U = \sum M_\mathrm{P}\overline{\theta} = 500\overline{\theta} \times 2 + 700\overline{\theta} \times 2 + 400\overline{\theta} \times 2 = 3200\overline{\theta}$$

ここで，仮想仕事の原理 $W = U$ より，つぎの関係が得られる.

$$20P\overline{\theta} = 3200\overline{\theta}$$

P について解くと，仮想回転角 $\overline{\theta}$ は消えてつぎのようになる.

$$P = \frac{3200}{20} = 160\,\mathrm{kN}$$

したがって，崩壊メカニズムに達するときの各層の水平力である崩壊荷重は以下のとおりに求めることができる.

2 階：$P_2 = 2P = 160 \times 2 = 320\,\mathrm{kN}$,　　1 階：$P_1 = P = 160\,\mathrm{kN}$

図 7.20(b)に示したように，各柱の曲げモーメントが特定できない場合でも，図(c)のように仮想変形を考えて仮想仕事法を適用することで崩壊荷重を求められる.

7.4 ▶ 骨組の崩壊形式と保有水平耐力

建物および骨組の崩壊メカニズムの形式には，図 7.21 に例示するように，つぎの三つがある．
- （1）全体崩壊形
- （2）層崩壊形（部分崩壊形ともよぶ）
- （3）局部崩壊形

ここで，塑性ヒンジやせん断破壊は大地震などの外力で建物に発生する被害であるが，損傷することで外力のエネルギーを吸収する要素と考えることができる．

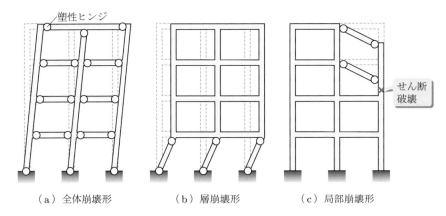

（a）全体崩壊形　　　　　（b）層崩壊形　　　　　（c）局部崩壊形

図 7.21　建物の崩壊形式

（1）全体崩壊形

全体崩壊形（whole-collapse type）では，塑性ヒンジが各所に生じて，損傷が建物全体に分散する．地震被害による実例を図 7.22 に示す．鉄骨造の建物で，全体崩壊形となって大変形を起こし，ほとんどの仕上げ材が脱落している様子がわかる．建物全体に多数の塑性ヒンジを形成させることで，エネルギー吸収能力が高まり，より大きな地震に耐えることが期待できるため，破壊形式の中では比較的に望ましいとされている．ただし，建物を再使用するための修繕に莫大な費用を要するケースが問題となっている．

（2）層崩壊形

層崩壊形（story-collapse type）では，特定の層に損傷が集中して層崩壊を起こす．一部分に被害が集中することから部分崩壊形ともよばれる．図 7.21 に示したとおり，全体崩壊形に比べて少ない数の塑性ヒンジで外力のエネルギーを吸収する必要があるため，塑性ヒンジの損傷が大きくなりやすく，倒壊に達する危険性が高まる．図 7.23

図 7.22　全体崩壊形の実例（1995 年兵庫県南部地震，神戸市）

に示すように中間層が崩壊する場合や，崩壊が複数層にわたる場合もある．地震により ピロティ構造の 1 階が層崩壊する場合が多く，図 7.24 に 1 階のピロティ構造部分 が層崩壊した実例を示す．図のように，特定の層が潰れるため危険な破壊形式であり， 避けるべきである．

図 7.23　層崩壊形の実例（1995 年兵庫県 南部地震，神戸市）

図 7.24　層崩壊形の実例（2016 年熊本 地震，熊本市）

(3)　局部崩壊形

　局部崩壊形（local-collapse type）では，柱のせん断破壊や圧縮破壊などで局所的な 落階や部分的な倒壊が起こる．その近辺にいる人々の生命を脅かすことから，必ず避

図 7.25 局部崩壊形の実例（2016 年熊本地震，熊本県宇土市）

けるべき崩壊形である．局部崩壊の実例を図 7.25 に示す．図の建物では，地震により 4 階の一部で柱がせん断破壊を起こし，上階が部分的に落下した．

保有水平耐力（ultimate lateral strength）とは，建物の各層における水平力に対する抵抗能力であり，記号は一般に Q_U で表す．建物が崩壊メカニズムに達した時点で各層に作用する層せん断力と等しく，したがって，柱や耐震壁といった鉛直部材に作用するせん断力の総和から求めることができる．保有水平耐力は建物の耐震性能を表す重要な指標であり，大地震に対する安全性を検証するために用いられる．保有水平耐力の検討は，1981 年に改正された建築基準法施行令に盛り込まれた．この法令改正後の耐震基準がいわゆる**新耐震**（new seismic design code）である．

例題 **7.7** 図 7.26 に示すような 1 層骨組の保有水平耐力 Q_U を求めよ．

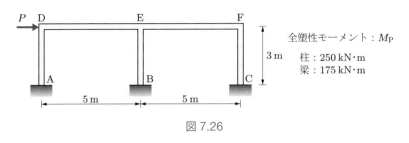

図 7.26

解答 例題 7.5 より，崩壊メカニズムは図 7.27 となり，各柱のせん断力はつぎのとおりであった．

$$Q_{AD} = Q_{CF} = 142\,\text{kN}, \qquad Q_{BE} = 167\,\text{kN}$$

よって，保有水平耐力 Q_U は柱のせん断力の総和として次式にて算出される．

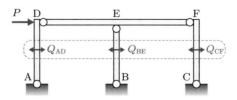

図 7.27 崩壊メカニズム

$$Q_\mathrm{U} = Q_\mathrm{AD} + Q_\mathrm{BE} + Q_\mathrm{CF} = 451\,\mathrm{kN}$$

例題 7.8 図 7.28 に示すような 2 層ラーメン骨組について，1 層の保有水平耐力 Q_U1 と 2 層の保有水平耐力 Q_U2 を求めよ．

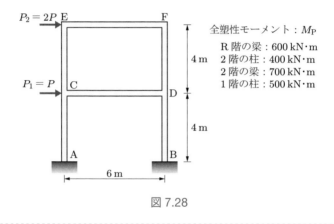

全塑性モーメント：M_P

R 階の梁：600 kN·m
2 階の柱：400 kN·m
2 階の梁：700 kN·m
1 階の柱：500 kN·m

図 7.28

解答

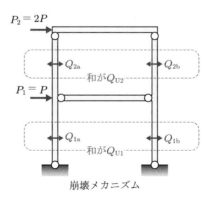

崩壊メカニズム

図 7.29 崩壊メカニズム

例題 7.6 より，崩壊メカニズムは図 7.29 であり，崩壊荷重はつぎのとおりであった．

$$P_2 = 320\,\text{kN}, \qquad P_1 = 160\,\text{kN}$$

各柱に作用するせん断力は不明であるが，層方程式（3.4.3 項参照）を用いて，各層の保有水平耐力は次式のとおり算出することができる．

$$Q_{\text{U2}} = Q_{2\text{a}} + Q_{2\text{b}} = P_2 = 320\,\text{kN}$$

$$Q_{\text{U1}} = Q_{1\text{a}} + Q_{1\text{b}} = P_1 + P_2 = 160 + 320 = 480\,\text{kN}$$

演習問題 ▶

7.1 図 7.30，7.31 の断面について，中央軸に関する塑性断面係数 Z_P を求めよ．

(1)

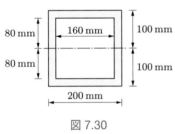

図 7.30

(2)

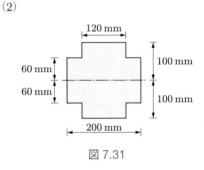

図 7.31

7.2 図 7.32，7.33 の等質等断面の鋼製梁について，全塑性モーメント M_P と，崩壊荷重 P を求めよ．なお，梁材の塑性断面係数 Z_P は記載のとおりであり，材長 $l = 3\,\text{m}$，降伏強度 $\sigma_\text{Y} = 380\,\text{N/mm}^2$ は共通とする．

(1) $Z_\text{P} = 3 \times 10^6\,\text{mm}^3$

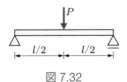

図 7.32

(2) $Z_\text{P} = 2 \times 10^6\,\text{mm}^3$

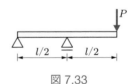

図 7.33

7.3 図 7.34，7.35 の骨組について，崩壊荷重 P を求めよ．

（1）　　　　　　　　　　　　　　　　　　　　（2）

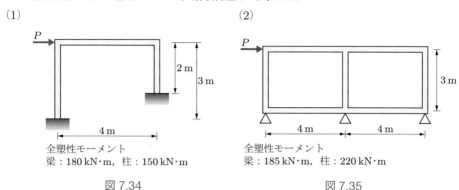

全塑性モーメント
梁：180 kN・m，柱：150 kN・m

図 7.34

全塑性モーメント
梁：185 kN・m，柱：220 kN・m

図 7.35

7.4 図 7.36，7.37 のラーメン骨組が水平力 P を受け，図示の位置に塑性ヒンジが発生して崩壊メカニズムに達した．それぞれの骨組について，保有水平耐力 Q_U を求めよ．なお，図中の $_C M_P$ は柱の全塑性モーメントを，$_B M_P$ は梁の全塑性モーメントを表す．

（1）　　　　　　　　　　　　　　　　　　　　（2）

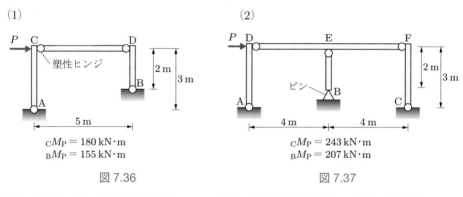

$_C M_P = 180$ kN・m
$_B M_P = 155$ kN・m

図 7.36

$_C M_P = 243$ kN・m
$_B M_P = 207$ kN・m

図 7.37

7.5 図 7.38 下の左図に示す梁において，荷重 P を増大させたとき，右図に示す崩壊メカニズムとなった．梁の全塑性モーメントを M_P として崩壊荷重 P_U を求めよ．

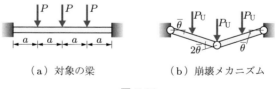

（a）対象の梁　　　　　（b）崩壊メカニズム

図 7.38

7.6 図 7.39 に示す骨組について，各層の保有水平耐力 Q_{U1}, Q_{U2} を求めよ．

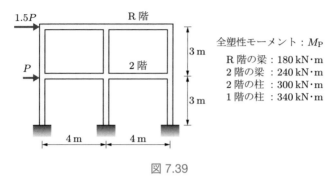

全塑性モーメント：M_P

R 階の梁：180 kN·m
2 階の梁：240 kN·m
2 階の柱：300 kN·m
1 階の柱：340 kN·m

図 7.39

付録 A

マトリクス計算の基礎理論

第5章で説明するマトリクス計算の基礎理論について，構造力学を解くうえで関係する部分を説明する．より詳細な理論や詳しい説明を知りたい場合は，線形代数の教科書などを参考にしてほしい．

A.1 ▶ ベクトルと行列（マトリクス）

ベクトルとは，大きさと方向をもったものである．たとえば，図 A.1 に示すように，2次元平面においてある点が原点 O $(0,0)$ から平面上の点 A $(2,3)$ に移動する場合を考えよう．この場合の移動（変位）は

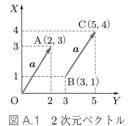

図 A.1　2 次元ベクトル

$$a = \left\{ \begin{array}{c} 2 \\ 3 \end{array} \right\}$$

のように表すことができる．ベクトルを構成する成分（a における「2」や「3」）を**成分**あるいは**要素**という．ベクトルは一般的に小文字アルファベットの太文字で表現される．

あくまで「大きさ」と「方向」のみをもつので，点 B $(3,1)$ から点 C $(5,4)$ に変位する場合もベクトルは同じく

$$a = \left\{ \begin{array}{c} 5-3 \\ 4-1 \end{array} \right\} = \left\{ \begin{array}{c} 2 \\ 3 \end{array} \right\}$$

である．逆に点 C から点 B に向かう場合，その変位ベクトルは

$$a' = \left\{ \begin{array}{c} -2 \\ -3 \end{array} \right\}$$

である．これは3次元空間で考えても同じで，たとえば原点 O $(0,0,0)$ から点 D $(3,4,5)$ に向かう3次元ベクトル b は以下となる．

$$b = \left\{ \begin{array}{c} 3 \\ 4 \\ 5 \end{array} \right\}$$

ベクトルで表されるのは変位ばかりではない．力や速度，加速度など，「大きさ」と「向き」をもつものはすべてベクトルで表現できる．質量のような「大きさ」のみをもつ量は**スカラー**とよばれる．

ベクトルは 2 次元，3 次元に限らない．成分が n 個縦に並んだものを **n 次元ベクトル**とよぶ．

要素を縦だけに並べたものがベクトルだとすれば，要素を縦に n 行，横に m 列並べたものを **$n \times m$ 型行列**（**マトリクス**）とよび，大文字アルファベットの太字で表される．言い換えれば，さまざまな行列のうち，列が 1 のものがベクトルであると考えることもできる．

$$A = \left[\begin{array}{cccc} a_{11} & a_{12} & \cdots & a_{1m} \\ a_{21} & a_{22} & \cdots & a_{2m} \\ \vdots & \vdots & \ddots & \vdots \\ a_{n1} & a_{n2} & \cdots & a_{nm} \end{array} \right]$$

この行列 A の (i, j) 成分を (j, i) 成分と入れ替えた行列を**転置行列**とよび，A^T と表す．A^T は当然ながら (m, n) 行列となる．

$$A^T = \left[\begin{array}{cccc} a_{11} & a_{21} & \cdots & a_{n1} \\ a_{12} & a_{22} & \cdots & a_{n2} \\ \vdots & \vdots & \ddots & \vdots \\ a_{1m} & a_{2m} & \cdots & a_{nm} \end{array} \right]$$

A，B，C を (n, m) 行列，c, d をある定数とした場合，以下のような法則が成り立つ．

$$(A + B) + C = A + (B + C) \quad \text{（結合法則）}$$

$$A + B = B + A \quad \text{（交換法則）}$$

$$c(A + B) = cA + cB$$

また，$n = m$ の場合を **n 次正方行列**とよび，とくに重要である．

$$
\boldsymbol{A} = \begin{bmatrix} a_{11} & a_{12} & \cdots & a_{1n} \\ a_{21} & a_{22} & \cdots & a_{2n} \\ \vdots & \vdots & \ddots & \vdots \\ a_{n1} & a_{n2} & \cdots & a_{nn} \end{bmatrix}
$$

n 次正方行列の対角線上に並んだ (i, i) 成分（$a_{11}, a_{22}, \cdots a_{nn}$）のことを**対角成分**，それ以外の成分を**非対角成分**とよぶ．

$\boldsymbol{A}^T$ が $\boldsymbol{A}$ と一致する場合，すなわち

$$
\boldsymbol{A} = \boldsymbol{A}^T
$$

となる場合，$\boldsymbol{A}$ の非対角成分は対角成分に対して対称となることから，$\boldsymbol{A}$ を**対称行列**とよぶ．

次式のように，対角成分がすべて 1，非対角成分がすべて 0 であるものを $\boldsymbol{n}$ 次単位行列という．

$$
\boldsymbol{E} = \begin{bmatrix} 1 & 0 & 0 & \cdots & 0 \\ 0 & 1 & 0 & \cdots & 0 \\ 0 & 0 & 1 & \cdots & 0 \\ \vdots & \vdots & \vdots & \ddots & \vdots \\ 0 & 0 & 0 & \cdots & 1 \end{bmatrix}
$$

A.2 ▶ 行列の積

ベクトルと行列，あるいは行列と行列は掛けることができる．上記の $n \times m$ 型行列 $\boldsymbol{A}$ に右からベクトル $\boldsymbol{x}$ を掛ける場合，その次元は m 次元でなければならず，その解 $\boldsymbol{x}'$ もまたベクトルであるが次元は必ず n 次元となる．

$$
\boldsymbol{x}' = \boldsymbol{A}\boldsymbol{x}
$$

$$
\begin{Bmatrix} x'_1 \\ x'_2 \\ \vdots \\ x'_n \end{Bmatrix} = \begin{bmatrix} a_{11} & a_{12} & \cdots & a_{1m} \\ a_{21} & a_{22} & \cdots & a_{2m} \\ \vdots & \vdots & \ddots & \vdots \\ a_{n1} & a_{n2} & \cdots & a_{nm} \end{bmatrix} \begin{Bmatrix} x_1 \\ x_2 \\ \vdots \\ x_m \end{Bmatrix}
$$

ベクトルの各成分は具体的には

$$x'_i = \sum_{j=1}^{m} a_{ij} x_j$$

となる．たとえば，$(2, 3)$ 行列と 3 次ベクトルの積は以下のように計算される．

$$\begin{bmatrix} 1 & 2 & -3 \\ -4 & 5 & 6 \end{bmatrix} \begin{Bmatrix} 7 \\ -8 \\ 9 \end{Bmatrix} = \begin{Bmatrix} 1 \cdot 7 + 2 \cdot (-8) + (-3) \cdot 9 \\ (-4) \cdot 7 + 5 \cdot 8 + 6 \cdot 9 \end{Bmatrix} = \begin{Bmatrix} -36 \\ 66 \end{Bmatrix}$$

同様に，$n \times m$ 型行列 A と $m \times l$ 型行列 B の積（掛け算）は $n \times l$ 型行列 C となり，以下のように定義される．

$$C = AB$$

$$\begin{bmatrix} c_{11} & c_{12} & \cdots & c_{1l} \\ c_{21} & c_{22} & \cdots & c_{2l} \\ \vdots & \vdots & \ddots & \vdots \\ c_{n1} & c_{n2} & \cdots & c_{nl} \end{bmatrix} = \begin{bmatrix} a_{11} & a_{12} & \cdots & a_{1m} \\ a_{21} & a_{22} & \cdots & a_{2m} \\ \vdots & \vdots & \ddots & \vdots \\ a_{n1} & a_{n2} & \cdots & a_{nm} \end{bmatrix} \begin{bmatrix} b_{11} & b_{12} & \cdots & b_{1l} \\ b_{21} & b_{22} & \cdots & b_{2l} \\ \vdots & \vdots & \ddots & \vdots \\ b_{m1} & b_{m2} & \cdots & b_{ml} \end{bmatrix}$$

積をとる二つの行列のうち，前の行列 A の列数と，後ろの行列 B の行数は必ず一致していなければならず，そうでない場合は積をとることはできない．同じ次数の正方行列どうしであれば必ず積をとることができる．

C の各要素 c_{ij} は以下で表される．

$$c_{ij} = \sum_{k=1}^{m} a_{ik} b_{kj}$$

たとえば，$(3, 4)$ 行列と $(4, 2)$ 行列のかけ算は，以下のように $(3, 2)$ 行列となる．

$$\begin{bmatrix} 1 & 0 & -2 & 3 \\ 2 & 1 & 0 & 4 \\ 2 & 0 & 0 & -5 \end{bmatrix} \begin{bmatrix} 1 & 0 \\ -2 & 0 \\ 0 & 1 \\ 2 & 0 \end{bmatrix} = \begin{bmatrix} 1+0+0+6 & 0+0+2+0 \\ 2-2+0+8 & 0+0+0+0 \\ 2+0+0-10 & 0+0+0+0 \end{bmatrix}$$

$$= \begin{bmatrix} 7 & 2 \\ 8 & 0 \\ -8 & 0 \end{bmatrix}$$

この場合，行列 A に対しては，「行列 B を右から掛ける」という．逆に行列 B に対しては，「行列 A を左から掛ける」という．わざわざ右と左を言い換えているのは，積をとる際は行列の順番が重要であり，一般的に積の交換法則が成り立たない（$AB \neq BA$）

からである．このことは，たとえば A が 2×3 型行列，B が 3×4 型行列であった場合，AB は計算できるが BA は次数が合わず計算できないことから明らかである．

(n, m) 行列である行列 A に右から n 次単位行列を掛けた場合，あるいは逆に左から m 次単位行列を掛けた場合は以下となる．

$$EA = A$$

$$AE = A$$

つまり，単位行列を掛けても元の行列は変化することはない．このことは計算によりすぐに確認できるので，確かめてほしい．

A.3 ▶ 逆行列

n 次正方行列 A について，E を n 次単位行列として，

$$AX = E$$

を満足する n 次正方行列 X が存在するとする．このとき，X を A の**逆行列**とよび，

$$A^{-1}$$

と表す．この A^{-1} は，A の右から掛けても左から掛けてもその積は単位行列 E となる．

$$AA^{-1} = A^{-1}A = E$$

正方行列であっても，逆行列が必ず存在するとは限らない．逆行列が存在する行列 A を**正則行列**とよぶ．

この逆行列は，2 次，3 次までであれば手計算で比較的容易に求めることができるが，これより高次になると途端に難しくなる．ガウスの消去法などを使えば計算は可能であるが，きわめて煩雑になってくるので，一般的にはプログラムなどを用いて求めることとなる．

■A.3.1 逆行列と連立一次方程式

逆行列はさまざまな場面で用いられるが，たとえば連立一次方程式を解く場合に逆行列が得られていると便利である．下記のような 3 次の連立方程式を解くことを考えよう．

$$
\begin{cases}
2x_1 + 2x_2 + 3x_3 = 3 \\
x_1 + x_2 + 2x_3 = 2 \\
x_1 - x_2 = 1
\end{cases}
$$

上式は下記のような行列を用いた表現と等価である.

$$
\begin{bmatrix}
2 & 2 & 3 \\
1 & 1 & 2 \\
1 & -1 & 0
\end{bmatrix}
\begin{Bmatrix}
x_1 \\
x_2 \\
x_3
\end{Bmatrix}
=
\begin{Bmatrix}
3 \\
2 \\
1
\end{Bmatrix}
$$

$$
\boldsymbol{Ax} = \boldsymbol{b}
$$

ここで, $\boldsymbol{A}^{-1}$ は以下のように求められる.

$$
A^{-1} =
\begin{bmatrix}
1 & -3/2 & 1/2 \\
1 & -3/2 & -1/2 \\
-1 & 2 & 0
\end{bmatrix}
$$

　これが $\boldsymbol{A}$ の逆行列であることは, $\boldsymbol{AA}^{-1}$ を計算すれば単位行列となることから明らかである. これを先ほどの $\boldsymbol{Ax} = \boldsymbol{b}$ の両辺に左から掛けて,

$$
\boldsymbol{A}^{-1}\boldsymbol{Ax} = (\boldsymbol{A}^{-1}\boldsymbol{A})\boldsymbol{x} = \boldsymbol{Ex} = \boldsymbol{x} = \boldsymbol{A}^{-1}\boldsymbol{b}
$$

より,

$$
\begin{Bmatrix}
x_1 \\
x_2 \\
x_3
\end{Bmatrix}
= \boldsymbol{A}^{-1}\boldsymbol{b} =
\begin{bmatrix}
1 & -3/2 & 1/2 \\
1 & -3/2 & -1/2 \\
-1 & 2 & 0
\end{bmatrix}
\begin{Bmatrix}
3 \\
2 \\
1
\end{Bmatrix}
=
\begin{Bmatrix}
1/2 \\
-1/2 \\
1
\end{Bmatrix}
$$

と求められた. 逆行列のよいところは, いったんこれが求められれば, $\boldsymbol{b}$ の値が変わっても計算をやり直す必要がないことである. たとえば, 最初の連立方程式の右辺が上から 1, 2, 3 でなく 3, 2, 1 であった場合, 通常の連立方程式の解き方であれば最初から解き直しであるが, 逆行列が求められていれば,

$$
\begin{Bmatrix}
x_1 \\
x_2 \\
x_3
\end{Bmatrix}
= \boldsymbol{A}^{-1}\boldsymbol{b}' =
\begin{bmatrix}
1 & -3/2 & 1/2 \\
1 & -3/2 & -1/2 \\
-1 & 2 & 0
\end{bmatrix}
\begin{Bmatrix}
1 \\
2 \\
3
\end{Bmatrix}
=
\begin{Bmatrix}
-1/2 \\
-7/2 \\
3
\end{Bmatrix}
$$

と容易に解を求めることができる.

A.4 ▶　ベクトルの回転と座標変換

2次元あるいは3次元の空間において，ベクトルを，原点を通るある軸まわりに回転させることを考える．

ある3次元ベクトル $\boldsymbol{r}$ を，z 軸を回転軸として角度 θ だけ回転させるとき，図 A.2 より回転後のベクトル $\boldsymbol{r}'$ は以下で表される．このときの $\boldsymbol{\Theta}$ を**回転行列**とよぶ．

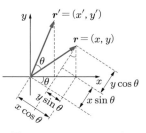

図 A.2　ベクトルの回転

$$\boldsymbol{r}' = \boldsymbol{\Theta}\boldsymbol{r}$$

$$\left\{ \begin{array}{c} x' \\ y' \\ z' \end{array} \right\} = \left[\begin{array}{ccc} \cos\theta & -\sin\theta & 0 \\ \sin\theta & \cos\theta & 0 \\ 0 & 0 & 1 \end{array} \right] \left\{ \begin{array}{c} x \\ y \\ z \end{array} \right\}$$

z 軸まわりに角度 $(-\theta)$ 回転させる場合の回転行列を $\boldsymbol{\Theta}'$ とすれば，

$$\boldsymbol{\Theta}' = \left[\begin{array}{ccc} \cos(-\theta) & -\sin(-\theta) & 0 \\ \sin(-\theta) & \cos(-\theta) & 0 \\ 0 & 0 & 1 \end{array} \right] = \left[\begin{array}{ccc} \cos\theta & \sin\theta & 0 \\ -\sin\theta & \cos\theta & 0 \\ 0 & 0 & 1 \end{array} \right] = \boldsymbol{\Theta}^T$$

である．ここで，$\boldsymbol{\Theta}\boldsymbol{\Theta}^T$，$\boldsymbol{\Theta}^T\boldsymbol{\Theta}$ を計算してみると，

$$\boldsymbol{\Theta}\boldsymbol{\Theta}^T = \boldsymbol{\Theta}^T\boldsymbol{\Theta} = \boldsymbol{E} \quad (\boldsymbol{E}：単位行列)$$

となることから，

$$\boldsymbol{\Theta}^T = \boldsymbol{\Theta}^{-1}$$

であることがわかる．$\boldsymbol{\Theta}$ の逆行列が必要であれば，単純に対角行列をとればよいので簡単である．

つぎに，ベクトルのほうは固定したままで，今度は x-y 座標を z 軸まわりに θ 回転させた x'-y' 座標系を考える．元のベクトル $\boldsymbol{r}$ を x'-y' 座標系で表すとどのようになるだろうか．

図より，

$$\left\{ \begin{array}{l} x' = \cos\theta \times x + \sin\theta \times y \\ y' = -\sin\theta \times x + \cos\theta \times y \\ z' = z \end{array} \right.$$

$$\left\{\begin{array}{c} x' \\ y' \\ z' \end{array}\right\} = \left[\begin{array}{ccc} \cos\theta & \sin\theta & 0 \\ -\sin\theta & \cos\theta & 0 \\ 0 & 0 & 1 \end{array}\right] \left\{\begin{array}{c} x \\ y \\ z \end{array}\right\}$$

ベクトル $\boldsymbol{r}$ 自体は何も変わってはいないが，座標系自体が変換されることで新しい表現を獲得したわけである．このとき，

$$\boldsymbol{T} = \left[\begin{array}{ccc} \cos\theta & \sin\theta & 0 \\ -\sin\theta & \cos\theta & 0 \\ 0 & 0 & 1 \end{array}\right]$$

とし，$\boldsymbol{T}$ を**座標変換行列**とよぶ．先ほどのベクトルを z 軸まわりに（$-\theta$）回転させる回転行列 $\boldsymbol{\Theta}' = \boldsymbol{\Theta}^T$ と比較すれば，

$$\boldsymbol{T} = \boldsymbol{\Theta}^T$$

である．

　今回は z 軸まわりの回転のみを考えたが，ここで得た関係はどのような 3 次元的な回転に関しても成り立つ．

演習問題解答

第1章

1.1 （1）$0 \leqq x \leqq l/3$ は $M_x = 0$ なので計算しなくてよい.

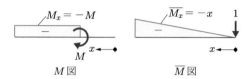

解図 1.1

$$\delta_{\mathrm{B}} = \int_{l/3}^{l} \frac{(-M)(-x)}{EI}\,\mathrm{d}x = \frac{4Ml^2}{9EI}$$

（2）M 図, $\overline{M}$ 図は点 C に関して対称である.

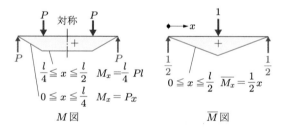

解図 1.2

$$\delta_{\mathrm{C}} = \int_0^{l/4} \frac{(Px)\left(\frac{1}{2}x\right)}{EI}\,\mathrm{d}x + \int_{l/4}^{l/2} \frac{\left(\frac{1}{4}Pl\right)\left(\frac{1}{2}x\right)}{EI}\,\mathrm{d}x + \int_0^{l/4} \frac{(Px)\left(\frac{1}{2}x\right)}{2EI}\,\mathrm{d}x$$

$$+ \int_{l/4}^{l/2} \frac{\left(\frac{1}{4}Pl\right)\left(\frac{1}{2}x\right)}{2EI}\,\mathrm{d}x = \frac{11Pl^3}{512EI}$$

（3）点 C に関する逆対称性を利用する.

$$\theta_{\mathrm{C}} = \int_0^{l/2} \frac{\left(-\frac{1}{2}wx^2 + \frac{1}{4}wlx\right)\left(-\frac{x}{l}\right)}{EI}\,\mathrm{d}x \times 2 = -\frac{wl^3}{192EI}$$

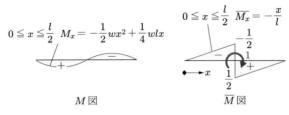

$$0 \leqq x \leqq \frac{l}{2} \quad M_x = -\frac{1}{2}wx^2 + \frac{1}{4}wlx$$

M 図

$$0 \leqq x \leqq \frac{l}{2} \quad \overline{M_x} = -\frac{x}{l}$$

$\overline{M}$ 図

解図 1.3

(4)

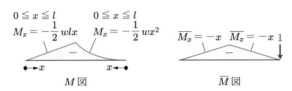

$$0 \leqq x \leqq l \qquad 0 \leqq x \leqq l$$
$$M_x = -\frac{1}{2}wlx \qquad M_x = -\frac{1}{2}wx^2$$

M 図

$$\overline{M_x} = -x \quad \overline{M_x} = -x$$

$\overline{M}$ 図

解図 1.4

$$\delta_{\mathrm{C}} = \int_0^l \frac{\left(-\frac{1}{2}wlx\right)(-x)}{EI}\,\mathrm{d}x + \int_0^l \frac{\left(-\frac{1}{2}wx^2\right)(-x)}{EI}\,\mathrm{d}x = \frac{7wl^4}{24EI}$$

1.2 (1) 梁は M 図，$\overline{M}$ 図ともに点 C に関して対称なので，対称性を利用する．

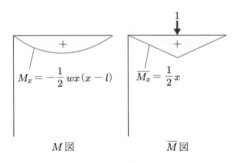

$$M_x = -\frac{1}{2}wx(x-l)$$

M 図

$$\overline{M_x} = \frac{1}{2}x$$

$\overline{M}$ 図

解図 1.5

$$\delta_{\mathrm{C}} = \int_0^{l/2} \frac{\left\{-\frac{1}{2}wx(x-l)\right\}\left(\frac{1}{2}x\right)}{EI}\,\mathrm{d}x \times 2 = \frac{5wl^4}{384EI}$$

等分布荷重を受ける単純梁と同じ変形となる（例題 1.3 参照）．

(2)

$$\delta_{\mathrm{D}} = \int_0^l \frac{Pxx}{2EI}\,\mathrm{d}x + \int_0^l \frac{Pxl}{EI}\,\mathrm{d}x = \frac{2Pl^3}{3EI}$$

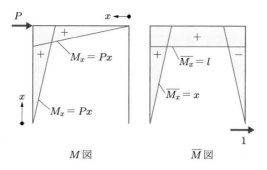

解図 1.6

(3)

$$\delta_{\mathrm{C}} = \int_0^l \frac{\left(-\dfrac{1}{8}wlx\right)\left(-\dfrac{1}{4}x\right)}{EI}\,\mathrm{d}x \times 2 + \int_0^{l/2} \frac{\left(-\dfrac{1}{2}wx^2\right)\left(-\dfrac{1}{2}x\right)}{2EI}\,\mathrm{d}x \times 2 = \frac{19wl^4}{768EI}$$

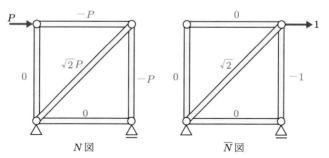

解図 1.7

1.3 (1) $\delta_{\mathrm{D}} = (1 + 2\sqrt{2})\dfrac{Pl}{EA}$

解図 1.8

解表 1.1

部材名	l_i	$E_i A_i$	N_i	$\overline{N_i}$	$\dfrac{N_i \overline{N_i} l_i}{E_i A_i}$
AD	$\sqrt{2}l$	EA	$\sqrt{2}P$	$\sqrt{2}$	$2\sqrt{2}\dfrac{Pl}{EA}$
CD	l	EA	$-P$	$-l$	$\dfrac{Pl}{EA}$
$\displaystyle\sum_{i=1}^{n} \dfrac{N_i \overline{N_i} l_i}{E_i A_i}$					$(1+2\sqrt{2})\dfrac{Pl}{EA}$

(2) 計算表を用いて計算すると，$\delta_{\mathrm{C}} = \dfrac{11Pl}{3EA}$.

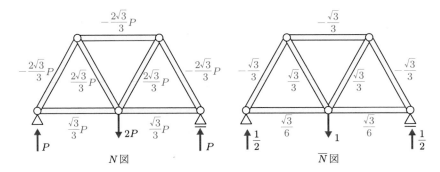

解図 1.9

(3) 計算表を用いて計算する．$\delta_{\mathrm{F}} = \dfrac{719Pl}{80EA}$.

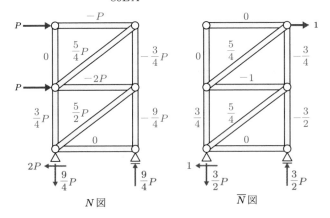

解図 1.10

第2章

2.1

(1) 点Cの鉛直反力を取り除いた静定基本形で考える.

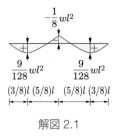

解図 2.1

(2) 点Aの鉛直反力を取り除いた静定基本形で考える.

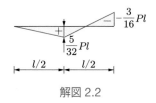

解図 2.2

(3) 点Dの水平反力を取り除き，ローラー支点とした静定基本形で考える.

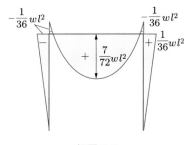

解図 2.3

(4) 点Cの鉛直反力を取り除いた静定基本形で考える.

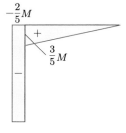

解図 2.4

(5) 点Dの水平反力を取り除き，ローラー支点とした静定基本形で考える.

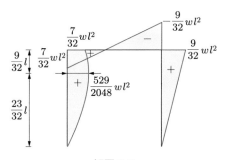

解図 2.5

2.2

(1) 部材 BE の軸力を剰余力とすると，解図 2.6 のように N 図，$\overline{N}$ 図が求められる．これより δ_0，δ_1 を計算すると，$\delta_0 = -\dfrac{\sqrt{2}Pl}{EA}$，$\delta_1 = \dfrac{(2+2\sqrt{2})l}{EA}$ より，剰余力 $X = -\dfrac{\delta_0}{\delta_1} = \dfrac{\sqrt{2}-1}{2}P$．$N$ 図

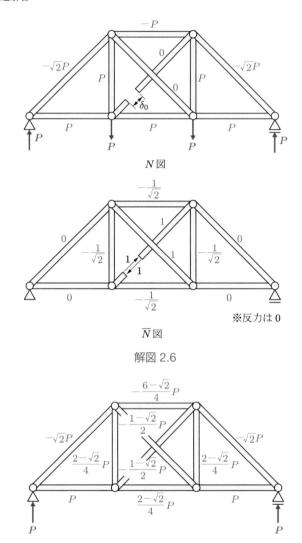

N図

$\overline{N}$図

※反力は 0

解図 2.6

解図 2.7

と X 倍した $\overline{N}$ 図を重ね合わせて，解図 2.7 のように応力が求められる．

(2) 部材 AD の軸力を剰余力とすると，解図 2.8 のように N 図，$\overline{N}$ 図が求められる．これより δ_0，δ_1 を計算すると，$\delta_0 = \dfrac{9Pl}{EA}$, $\delta_1 = \dfrac{432l}{125EA}$ より，剰余力 $X = -\dfrac{\delta_0}{\delta_1} = -\dfrac{125}{48}P$. N 図と X 倍した $\overline{N}$ 図を重ね合わせて，図 2.9 のように応力が求められる．

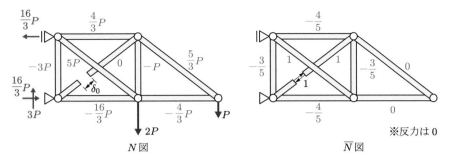

解図 2.8

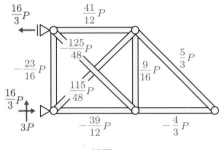

解図 2.9

2.3 部材 BD の軸力を剰余力として考える.

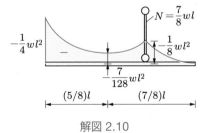

解図 2.10

第3章

3.1

(1)

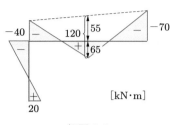

解図 3.1

(2)

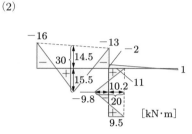

解図 3.2

(3)

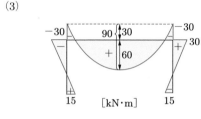

解図 3.3

(4)

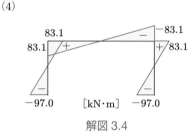

解図 3.4

3.2 (1) 曲げモーメント図（M 図）とせん断力図（Q 図）は解図 3.5 となり，$M_\mathrm{A} = 64.3\,\mathrm{kN \cdot m}$，$V_\mathrm{C} = 11.4\,\mathrm{kN \cdot m}$.

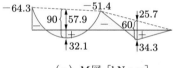

(a) M図 [kN・m]

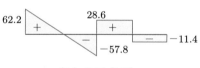

(b) Q 図 [kN]

解図 3.5

(2) たわみ角法の基本式で材端モーメントは $M_\mathrm{AB} = k(2\phi_\mathrm{A} + \phi_\mathrm{O})$ $= 0$ となる（点 A はピン支点なので）．一方，$\phi_\mathrm{A} = 2EK_0\theta_\mathrm{A}$，$\phi_\mathrm{O} = 2EK_0\theta_\mathrm{O}$ だから，$\theta_\mathrm{O}/\theta_\mathrm{A} = -2$. よって，曲げモーメント図（$M$ 図）は解図 3.6 となり，$M_\mathrm{B} = 60\,\mathrm{kN \cdot m}$.

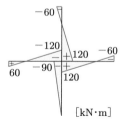

解図 3.6

(3) 対称性を利用して骨組の左半分について解く．(a) 10.9，(b) 35.5，(c) 27.3.

(4) 曲げモーメント図（M 図）と柱のせん断力は解図 3.7 となり，$H_\mathrm{D} = Q_\mathrm{CD} = 15.6\,\mathrm{kN}$. このとき，$\psi_\mathrm{AB} = -6EK_0R_\mathrm{AB} = -125\,\mathrm{kN \cdot}$ となり，$R_\mathrm{AB} = \delta_\mathrm{B}/h$，$K_0 = K/k = I/kh$ だから，$\delta_\mathrm{B} = -k\psi_\mathrm{AB}h^2/6EI = 8.32 \times 10^{-3}\,\mathrm{m} = 8.32\,\mathrm{mm}$.

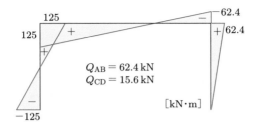

解図 3.7

(5) 曲げモーメント図（M 図）と柱のせん断力は解図 3.8 となり，$Q_{CD} = 40\,\mathrm{kN}$. このとき，$\psi_{AB} = -6EK_0 R_{AB} = -10\,\mathrm{kN \cdot m}$ で，$R_{AB} = \delta_B/h$ だから，$\delta_B = -\psi_{AB}h /6EK_0 = 0.889 \times 10^{-3}\,\mathrm{m} = 0.889\,\mathrm{mm}$.

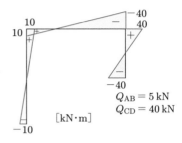

解図 3.8

第 4 章

4.1　(1)–(d)　(2)–(b)　(3)–(c)　(4)–(a)　(5)–(b)

4.2

(1) 点 O で各材の Df を計算する．$\sum k = 1+2+1+2 = 6$ なので，OA と OC の Df $= 1/6$，OB と OD の Df $= 2/6 = 1/3$．点に作用する $M_O = 480\,\mathrm{kN \cdot m}$ を四つの材で Df に応じて分けると，分割モーメントは，$M_{OA} = M_{OC} = 480 \times 1/6 = 80\,\mathrm{kN \cdot m}$，$M_{OB} = M_{OD} = 480 \times 1/3 = 160\,\mathrm{kN \cdot m}$ となる．各材で，分割モーメントが固定端に到達率 1/2 で以下の到達モーメントとして伝わるので，$M_{AO} = M_{CO} = 80 \times 1/2 = 40\,\mathrm{kN \cdot m}$，$M_{BO} = M_{DO} = 160 \times 1/2 = 80\,\mathrm{kN \cdot m}$ となる．以上より，曲げモーメント図は解図 4.1 となる．

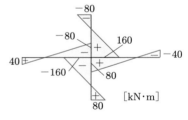

解図 4.1

(2) 材 AB は片持ち梁として，曲げモーメント図を求める．このとき，材 AB の点 B における曲げモーメントは $M_{BA} - Pl$ となる．不釣り合いモーメント $\overline{M} = -M_{BA} = Pl$ を点 B に作用させ，材 BC と材 BD の L 形骨組を考え，曲げモーメント図を求める（例題 4.3 参照）と解図 4.2 となる．

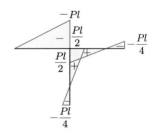

解図 4.2

(3)

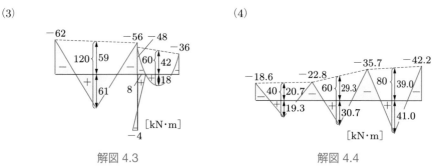

解図 4.3

(4)

解図 4.4

第 6 章

6.1 （1）短柱の頂部に作用する鉛直荷重 P を，m-n 断面の図心位置に作用する鉛直荷重 P と付加曲げモーメント M に変換する．頂部と m-n 断面の図心間の距離は $D/4$ であるから，この付加曲げモーメントは $M = PD/4$ となる．このとき，最大圧縮応力は解図 6.1 の点 b で生じ，その大きさは以下となる．ここで，A は m-n 断面の面積であり $A = D^2/2$ となる．I は m-n 断面の図心を通る z 軸からの断面 2 次モーメントであり，$I = D \times (D/2)^3/12 = D^3/96$ となる．

$$\sigma = -\frac{P}{A} - \frac{M}{I} \times \frac{D}{4}$$

したがって，最大圧縮応力は以下の値となる．

$$\sigma = -\frac{2}{D^2}P - \frac{PD}{4} \times \frac{96}{D^4} \times \frac{D}{4} = -\frac{8P}{D^2}$$

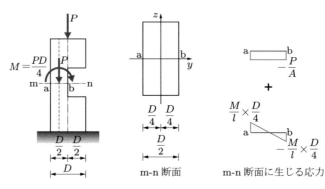

解図 6.1

（2）点 a の応力は以下の値になる．

$$\sigma = -\frac{2}{D^2}P + \frac{PD}{4} \times \frac{96}{D^4} \times \frac{D}{4} = \frac{4P}{D^2}$$

したがって，m-n 断面における応力が 0 となる点は解図 6.2 のようになる．この点の点 a からの距離は $D/6$，点 b から距離は $D/3$ となる．

解図 6.2

6.2 $A = D^2$

偏心距離 $e_x = \dfrac{D}{2}, \quad e_y = \dfrac{D}{2}$

$M_x = P\dfrac{D}{2}, \quad M_y = P\dfrac{D}{2}$

I 巻第 9 章の表 9.1 から，

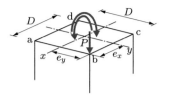

$$Z_x = Z_y = \frac{D^3}{6}$$

解図 6.3

$$\begin{cases} \text{点 a} \quad \sigma = -\dfrac{N}{A} + \dfrac{M_x}{Z_x} - \dfrac{M_y}{Z_y} = -\dfrac{P}{D^2} + \dfrac{3P}{D^2} - \dfrac{3P}{D^2} = -\dfrac{P}{D^2} \\[2mm] \text{点 c} \quad \sigma = -\dfrac{N}{A} - \dfrac{M_x}{Z_x} + \dfrac{M_y}{Z_y} = -\dfrac{P}{D^2} - \dfrac{3P}{D^2} + \dfrac{3P}{D^2} = -\dfrac{P}{D^2} \\[2mm] \text{点 d} \quad \sigma = -\dfrac{N}{A} + \dfrac{M_x}{Z_x} + \dfrac{M_y}{Z_y} = -\dfrac{P}{D^2} + \dfrac{3P}{D^2} + \dfrac{3P}{D^2} = \dfrac{5P}{D^2} \end{cases}$$

6.3 $I_x = \dfrac{100 \times 200^3}{12} + 2\left(\dfrac{300 \times 100^3}{12} + 300 \times 100 \times 150^2\right) = 1.47 \times 10^9 \text{ mm}^4$

$Z_x = \dfrac{I_x}{200} = 7.33 \times 10^6 \text{ mm}^3$

$I_y = \dfrac{100 \times 300^3}{12} \times 2 + \dfrac{200 \times 100^3}{12} = 4.67 \times 10^8$

$Z_y = \dfrac{I_y}{150} = 3.11 \times 10^6 \text{ mm}^3$

点 A において，

$$\sigma = -\frac{N}{A} + \frac{Ne_y}{Z_x} + \frac{Ne_x}{Z_y} \leqq 0$$

よって

$$e_y \leqq \frac{Z_x}{A} - \frac{Z_x}{Z_y}e_x = \frac{7.33 \times 10^6}{8 \times 10^4} - \frac{7.33 \times 10^6}{3.1 \times 10^6}e_x = 91.6 - 2.36e_x$$

この領域で $e_y = 0$ の点では e_x は以下の値となる．

$$e_x = \frac{91.6}{2.36} = 38.8$$

また，$e_x = 0$ の点では e_y は以下の値となる．

$$e_y = 91.6$$

断面の対称性を考慮すると，解図 6.4 のように核が描ける．

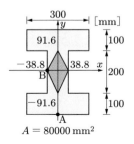

解図 6.4

6.4 C > B > D > A

6.5 節点 A, B, C における力の釣り合いを考える. 部材 AB, AD, BD それぞれに作用する軸力を解図 6.5 に示すようにそれぞれ, P_1, P_2, P_3 と仮定する. 支点反力はそれぞれ, $P/2$ となる.

点 A における力の釣り合い $\quad 2P_1 \sin 30° = P_2$

点 B における力の釣り合い $\quad 2P_1 \sin 30° = \dfrac{P}{2}$

点 D における力の釣り合い $\quad P_1 \cos 30° = P_3$

以上より, $P_1 = P$（圧縮）, $P_2 = P$（引張り）, $P_3 = (\sqrt{3}/2)P$（引張り）となる. したがって, 座屈する部材は AB と AC となる. 座屈荷重については, トラス材は両端ピン接合されているので, 座屈荷重は式(6.24)より求めることができる. 部材長さが $2l$ なので, $P_{\mathrm{cr}} = \pi^2 EI/4l^2$ となる.

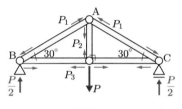

解図 6.5

第 7 章

7.1

(1) $Z_{\mathrm{P}} = \dfrac{200 \times 200^2}{4} - \dfrac{160 \times 160^2}{4} = 9.76 \times 10^5\ \mathrm{mm}^3$

(2) $Z_{\mathrm{P}} = \dfrac{120 \times 200^2}{4} + \dfrac{40 \times 120^2}{4} \times 2 = 1.49 \times 10^6\ \mathrm{mm}^3$

7.2 (1) $M_{\mathrm{P}} = Z_{\mathrm{P}}\sigma_{\mathrm{Y}} = 1140\ \mathrm{kN \cdot m}$ で, 曲げモーメントの最大は梁の中央で $M = Pl/4$ となる. $Pl/4 = M_{\mathrm{P}}$ より, $P = 4M_{\mathrm{P}}/l = 1520\ \mathrm{kN}$.

(2) $M_{\mathrm{P}} = Z_{\mathrm{P}}\sigma_{\mathrm{Y}} = 760\ \mathrm{kN \cdot m}$ で, 曲げモーメントの最大は梁の中央で $M = Pl/2$ となる. $Pl/2 = M_{\mathrm{P}}$ より, $P = 2M_{\mathrm{P}}/l = 507\ \mathrm{kN}$.

7.3 (1) $P = 250\ \mathrm{kN}$ (2) $P = 393\ \mathrm{kN}$

7.4 (1) $Q_{\mathrm{U}} = 279\ \mathrm{kN}$ (2) $Q_{\mathrm{U}} = 422\ \mathrm{kN}$

7.5 梁の仮想変位と M_{P} の関係は解図 7.1 となる. このとき, $\overline{\delta_1} = \overline{\theta}a$, $\overline{\delta_2} = \overline{\theta} \times 2a = 2a\overline{\theta}$ で,

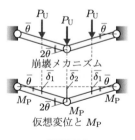

崩壊メカニズム

仮想変位と M_{P}

解図 7.1

$$W = \sum P\overline{\delta} = P_U \times \overline{\delta_1} \times 2 + P_U \times \overline{\delta_2} = 4aP_U\overline{\theta}$$

$$U = \sum M_P\overline{\theta} = M_P \times \overline{\theta} \times 2 + M_P \times 2\overline{\theta} = 4M_P\overline{\theta}$$

$W = U$ より $P_U = M_P/a$.

7.6 骨組の仮想変位と M_P の関係は解図 7.2 となる.

$$W = \sum P\overline{\delta} = P \times \overline{\delta_1} + 1.5P \times \overline{\delta_2}$$

$$= 3P\overline{\theta} + 9P\overline{\theta} = 12P\overline{\theta}$$

$$U = \sum M_P\overline{\theta} = 340\overline{\theta} \times 3 + 240\overline{\theta} \times 4$$

$$+ 180\overline{\theta} \times 2 + 300\overline{\theta} = 2640\overline{\theta}$$

$W = U$ より, $12P\overline{\theta} = 2640\overline{\theta}$. よって, $P = 2640/12 = 220\,\mathrm{kN}$. $Q_{U2} = 1.5P = 330\,\mathrm{kN}$, $Q_{U1} = 1.5P + P = 2.5P = 550\,\mathrm{kN}$.

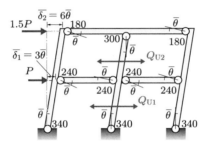

仮想変位と $M_P[\mathrm{kN \cdot m}]$

解図 7.2

索 引

著 者 略 歴

土方 勝一郎（ひじかた・かついちろう）
　　1955 年　東京都に生まれる
　　1981 年　東京大学大学院修士課程修了
　　　　　　元芝浦工業大学建築学部建築学科教授，博士（工学）

隈澤 文俊（くまざわ・ふみとし）
　　1961 年　東京都に生まれる
　　1984 年　芝浦工業大学卒業
　　現　在　芝浦工業大学建築学部建築学科教授，博士（工学）

椛山 健二（かばやま・けんじ）
　　1967 年　広島県に生まれる
　　1996 年　東京大学大学院博士課程修了
　　現　在　芝浦工業大学建築学部建築学科教授，博士（工学）

岸田 慎司（きしだ・しんじ）
　　1970 年　埼玉県に生まれる
　　1999 年　東京工業大学大学院博士課程修了
　　現　在　芝浦工業大学建築学部建築学科教授，博士（工学）

小澤 雄樹（おざわ・ゆうき）
　　1974 年　群馬県に生まれる
　　2000 年　東京大学大学院修士課程修了
　　現　在　芝浦工業大学建築学部建築学科教授，博士（工学）

編集担当　加藤義之（森北出版）
編集責任　富井　晃（森北出版）
組　版　中央印刷
印　刷　同
製　本　ブックアート

よくわかる建築構造力学II
© 土方勝一郎・隈澤文俊・椛山健二・岸田慎司・小澤雄樹　2020

2020 年 4 月 24 日　第 1 版第 1 刷発行　　　　【本書の無断転載を禁ず】
2024 年 1 月 19 日　第 1 版第 3 刷発行

著　　者　土方勝一郎・隈澤文俊・椛山健二・岸田慎司・小澤雄樹
発 行 者　森北博巳
発 行 所　森北出版株式会社
　　　　　東京都千代田区富士見 1-4-11（〒102-0071）
　　　　　電話 03-3265-8341／FAX 03-3264-8709
　　　　　https://www.morikita.co.jp/
　　　　　日本書籍出版協会・自然科学書協会　会員
　　　　　JCOPY ＜（一社）出版者著作権管理機構　委託出版物＞

落丁・乱丁本はお取替えいたします．

Printed in Japan／ISBN 978-4-627-55421-4